Ingeborg Gerlach

Der schwierige Fortschritt

24

Monographien
Literaturwissenschaft 46

Ingeborg Gerlach

Der schwierige Fortschritt

Gegenwartsdeutung und Zukunftserwartung im DDR-Roman

Scriptor
1979

CIP-Kurztitelaufnahme der Deutschen Bibliothek

Gerlach, Ingeborg:
Der schwierige Fortschritt : Gegenwartsdeutung und Zu-
kunftserwartung im DDR-Roman / Ingeborg Gerlach. –
Königstein/Ts. : Scriptor, 1979.
   (Monographien : Literaturwiss. ; Bd. 46)
   ISBN 3-589-20686-1

© 1979 Scriptor Verlag GmbH & Co. KG
Wissenschaftliche Veröffentlichungen
Königstein/Ts.
Druck und Bindung: Decker & Wilhelm, Heusenstamm
Printed in Germany
ISBN 3-589-20686-1

Einleitung

Die DDR versteht sich selbst als Übergangsgesellschaft auf
dem Weg zum Kommunismus. Wenn auch dieses Endziel zeitlich
nicht terminiert ist, so betonen doch alle offiziellen Dekla-
rationen, dass die DDR eine Gesellschaft im Wandel und dass
das Ergebnis dieses kontinuierlichen Veränderungsprozesses der
Kommunismus sei. Als Motor dieses Prozesses gilt der ökonomische Fortschritt; er soll die Voraussetzungen schaffen für
den späteren Übergang zum Kommunismus.
Forciert wurde der ökonomische Fortschritt in der Zeit nach
dem VII. Parteitag der SED (1967) durch die sogenannte wissenschaftlich-technische Revolution; der "Produktivkraft Wissenschaft" (Ulbricht) galt das Hauptinteresse der politischen
Führung, das sie als wichtigstes Instrument zur quantitativen
und vor allem auch zur qualitativen Produktionssteigerung betrachtet wurde. Wenn Wissenschaft den gesellschaftlichen
Fortschritt ermöglichte, garantierte sie nicht nur die materielle, sondern auch die ideologische Legitimationsbasis des
Regimes.
Erst als die weltweite Rezession nach 1973 auch auf die DDR
übergriff und die Prognosen vom kontinuierlichen Wirtschafts-
wachstum erheblich zurückschraubte, fand diese Fortschrittsgläubigkeit ihr - offiziell niemals eingestandenes - Ende.
Die Jahre 1975/76 markieren den Umschwung. Hatte bereits der
Übergang von der "Ära Ulbricht" zur "Ära Honecker" im Jahre
1971 eine Absage an die These von der "Produktivkraft Wissenschaft" gebracht und statt dessen die dominierende Rolle der
Partei stärker akzentuiert, so verhärtete sich dieser Führungsanspruch in der Zeit nach dem IX. Parteitag (1976) und verdräng-
te die spürbar gewordenen Ansätze kulturpolitischer Liberalität. Wie stark sich das politische Leben in der DDR seither
verändert hat, verdeutlicht die Lektüre der im folgenden analysierten Bücher: Die meisten von ihnen hätten nach 1976 nicht
mehr geschrieben oder veröffentlicht werden können. Insofern

sind sie Zeugnisse eines bereits zur Geschichte gewordenen Abschnitts in der Entwicklung der DDR; jener Epoche zwischen 1967 und 1975, als der "Fortschritt" - wenn auch reduziert auf seine ökonomische Dimension - unaufhaltsam, als aber auch den politisch Denkenden im Zeichen dieses konsequenten Fortschritts eine Transformation der Gesellschaft möglich erschien.

Aus der Rückschau wird die Gemeinsamkeit der hier untersuchten Romane deutlich. Sie zeigen, in welcher Form sich das verschärfte Bewusstsein gesellschaftlicher Veränderung literarisch manifestiert. Analysiert werden (mit Ausnahme des Romans von Loest, der eine Sonderstellung einnimmt) Werke aus den frühen siebziger Jahren, die das Problem des Fortschritts thematisieren. Gefragt wird jeweils, ob das Individuum die gesellschaftliche Transformation als echten Schritt hin zum Kommunismus empfindet.

Romane scheinen in besonderem Masse dafür geeignet zu sein, Aufschluss über das Verhältnis von Individuum und Gesellschaft zu geben, zumal dann, wenn, wie es in der DDR der Fall ist, noch immer die Tendenz zur Darstellung einer "extensiven Totalität" (Lukács) vorherrscht. Die meisten DDR-Romane zeichnen sich noch immer durch Detailreichtum und psychologisierende "Einfühlung" in das Seelenleben der Protagonisten aus. Wenn auch die Analyse von Romanen niemals eine empirische Untersuchung ersetzen kann, so erlaubt sie doch Einblick in Bereiche, die sich dem Aussenstehenden sonst nicht so leicht erschliessen: in das Verhältnis der Menschen in der DDR zu ihrer Gegenwart und ihrer Zukunft, zu ihren Erwartungen, Hoffnungen und Ängsten - und sie zeigt deren radikale Veränderung im Zeichen einer "perspektivelos" gewordenen Situation.

I. Der politische und wirtschaftliche Hintergrund

1) Standortbestimmung der DDR

"Die Sozialistische Einheitspartei Deutschlands stellt sich das
Ziel, in der Deutschen Demokratischen Republik weiterhin die
entwickelte sozialistische Gesellschaft zu gestalten und so
grundlegende Voraussetzungen für den allmählichen Übergang zum
Kommunismus zu schaffen."[1])

Die verklausulierten Formulierungen lassen ahnen, wie heikel
das Problem des Übergangs zum Kommunismus in der DDR geworden
ist. Seit dem "Sieg der sozialistischen Produktionsverhältnisse" (1961) gilt die "Grundlegung" der neuen Gesellschaftsord-
nung als abgeschlossen, der "Aufbau" hat begonnen. Die DDR-Gesellschaft bezeichnet sich selbst als "entwickelten Sozialismus" (vor 1971: "entwickeltes gesellschaftliches System des
Sozialismus"). Im Mittelpunkt des VII. Parteitages der SED
stand Ulbrichts These, dass der Sozialismus keine kurze Zwi-
schenperiode darstelle, sondern eine "relativ selbständige
sozialökonomische Formation in der historischen Epoche des
Übergangs vom Kapitalismus zum Kommunismus".[2]) Dieser Formel
kam nicht nur taktische Bedeutung im Verhältnis zur UdSSR
zu;[3]) sie macht zugleich mit aller Offenheit deutlich, dass
die grosse gesellschaftliche Transformation in weite Ferne
gerückt war. Realität war und blieb der bestehende Sozialismus,
der sich verbessern, aber kaum verändern liess.
Dass auf dem VIII. Parteitag (1971) die Formel kassiert und
nachdrücklich auf die langfristige Perspektive einer Entwicklung

1) Programm und Statut der SED vom 22. Mai 1976. Mit einem einleitenden Kommentar von Karl Wilhelm Fricke. Köln 1976,S.54.
2) Walter Ulbricht: Zum ökonomischen System des Sozialismus in
   der DDR. Bd. 2, Berlin/DDR 1968, S. 530.
3) Werner Weber vertritt die These, dass mit dieser Formel die
   DDR eine relative Autonomie innerhalb des Ostblocks bean-
   spruchen wollte. Vgl. Werner Weber; Die SED nach Ulbricht.
   Hannover 1974, S. 10f.

hin zum Kommunismus verwiesen wurde, mag neben den genannten
Gründen auch noch ideologische Motive gehabt haben: Die "Rück-
besinnung" auf die traditionelle Programmatik verstärkte zugleich den Führungsanspruch der SED, der in Ulbrichts harmonisti-
schem Gesellschaftsmodell der "sozialistischen Menschengemeinschaft" nur noch unzureichend abgesichert schien. Die (tenden-
zielle) Absage an die von Ulbricht hochgepriesene "Produktivkraft Wissenschaft"[1], an die Kybernetik als "Steuerungswis-
senschaft" und an das seit dem VII. Parteitag propagierte
Denken in "Systemen" entzieht dem Fortschrittsdenken die wissenschaftliche Legitimation. Nun garantiert nicht mehr die
Wissenschaft den gesellschaftlichen Fortschritt, sondern die
Partei beansprucht den Führungsanspruch in allen gesellschaftlichen Prozessen.

Wenn auch nach dem VIII. Parteitag die Wissenschaft wieder in
eine untergeordnete Funktion zurückgeführt wurde, so bleibt
doch ihre Relevanz in einer hochindustrialisierten Gesellschaft erhalten; die wissenschaftlich-technische Revolution
und der durch sie inaugurierte Wandel setzen sich trotzdem
fort. Nach wie vor ist die Ökonomie die treibende Kraft des
gesellschaftlichen Fortschritts, die den späteren Übergang
zum Kommunismus gewährleisten soll:

"Die Intensivierung der gesellschaftlichen Produktion ist der
Hauptweg der wirtschaftlichen Entwicklung der Deutschen Demokratischen Republik. Sie ermöglicht jenen Leistungsanstieg
in der Volkswirtschaft, der für die Erhöhung des Lebensni-
veaus der Menschen sowie für die ständige Modernisierung und
den Ausbau der materiell-technischen Basis des Sozialismus
in der Deutschen Demokratischen Republik und für die Schaffung
grundlegender Voraussetzungen des allmählichen Übergangs zum
Kommunismus unerlässlich ist."2)

Wenn die weitere Entwicklung der Gesellschaft unmittelbar mit
der Entwicklung der Produktivkräfte verkoppelt wird, so erlaubt

---

1) Vgl. dazu Rüdiger Thomas: Modell DDR. Die kalkulierte Emanzipation. 2.Aufl., München 1973, S. 25.
2) Programm und Statut der SED, a.a.O., S. 61.

dieses Faktum den Schluss, dass die Differenz zwischen Sozialismus und Kommunismus hauptsächlich ökonomischer Art sein werde: Kommunismus wäre demnach keine prinzipielle, sondern lediglich eine quantitative Verbesserung des bestehenden Gesellschaftssystems. Von konkreten Vorstellungen über die Beschaffenheit einer zukünftigen klassenlosen Gesellschaft ist jedoch
bis dato nirgends die Rede. Daraus darf wohl gefolgert werden,
dass lediglich eine Perfektionierung der heutigen Verhältnisse als Fernziel ins Auge gefasst wird.

2) Zur wissenschaftlich-technischen Revolution in der DDR

Wissenschaftlich-technische Revolution bedeutet, dass die
menschliche Arbeitskraft, die bisher die wichtigste Produktivkraft darstellte, zunehmend durch Maschinen ersetzt wird.
Forschung, Prognose und Informationsverarbeitung auf kyberneti-
scher Basis kennzeichnen die Entwicklung während der zweiten
Hälfte der 60er Jahre. Ulbricht definierte die Bedeutung dieses Prozesses folgendermassen:

"Wir sprechen von technischer Revolution, weil ganze Industrie-
zweige eine grundlegende Umwälzung erfahren, weil mit Hilfe
elektronischer Datenverarbeitungsanlagen die Leitung der Wirtschaft, also die Steuerung der Produktionsprozesse, und die
Verwaltungstätigkeit umgestaltet und weitaus wirksamer werden,
weil die Automatisierung, die Anwendung der Kybernetik, die
Chemisierung und die Ausnutzung der Kernenergie immer stärker
die moderne Produktion bestimmen [...] . Die Wissenschaft
wirkt als Produktivkraft, was sich in einer neuen Qualität der
Produktion zeigt. Es wird also nicht allgemein vom technischen
Fortschritt gesprochen, sondern auf das Neue, auf die Automatisierung und Anwendung der Kybernetik [...] hingewiesen. Dieses
qualitativ Neue ist die technische Revolution, und diese technische Umwälzung verändert die Stellung des Menschen in der Produktion." 1)

Trotz der offiziellen Propagierung durch die politische Führung
war die Bewertung dieses Prozesses nicht ganz frei von Schwan-
kungen. Widerstand wurde spürbar bei der politischen Orthodoxie,
die offensichtlich "Aufweichungserscheinungen", wenn nicht sogar "Konvergenzlertum" befürchtete. 2) Die Reaktion des Westens
schien diese Zweifel zu bekräftigen; war doch des öfteren von
"Versachlichung" und "Entideologisierung" im Zusammenhang mit
dem Führungsstil der SED die Rede. 3)

---

1) Walter Ulbricht: Zum neuen ökonomischen System, Berlin/DDR
   1966, S. 591. Zitiert nach: Willy Wyninger: Demokratie und
   Plan in der DDR. Probleme der Bewältigung der wissenschaftlich-technischen Revolution. Köln 1971, S. 49.
2) Vgl. dazu die Ausführungen von Georg Klaus: Kybernetik und
   ideologischer Klassenkampf. "Einheit", 25.Jg.,H.9/1970.-
   Zitiert nach: Hermann Weber: Die sozialistische Einheitspartei Deutschlands 1946-1971, Hannover 1971, S. 117 f.
3) Vgl. dazu Hermann Weber: Die sozialistische Einheitspartei
   Deutschlands, a.a.O., S. 31 f.

So urteilte z.B. Hermann Weber über die Entwicklung nach dem
VI. und vor allem nach dem VII. Parteitag:

"Inzwischen änderten sich die Führungsmethoden der SED. Das
spiegelt sich auch im Programmdenken der Partei wider, die
glaubt, ihre Aufgaben nur noch durch eine 'wissenschaftliche
Führungsrolle' bewältigen zu können [...]. Auch das signali-
siert die Transformation der SED von einer bürokratischen Arbei-
terpartei, einer Apparatpartei in eine Staatspartei mit neuem
Führungsstil und überragendem Einfluss der Intellektuellen in
Partei und Gesellschaft. Dieser Prozess dürfte sich vermutlich
in den siebziger Jahren noch verstärken: In Ideologie und Praxis erhalten so die Wissenschaften, vor allem die Gesellschaftswissenschaften, aber auch neue Disziplinen wie etwa die Kybernetik, immer grössere Bedeutung."1)

In der Tat fehlt es nicht an Ähnlichkeiten und Entsprechungen
zwischen den technokratischen Systemen östlicher und westlicher
Prägung. Festzuhalten ist zunächst die Tatsache, dass die wissenschaftlich-technische Revolution ein Prozess ist, der sich in
allen hochindustrialisierten Gesellschaften vollzieht. Die
"Sachzwänge", die, mit scheinbar objektiver Notwendigkeit, an
die Stelle politischer Entscheidungen treten, entsprechen einander gleichfalls.
Gegen die These von der Konvergenz der Systeme wendet sich die
Gesellschaftswissenschaft der DDR.2) Sie vertritt die Auffassung, dass die wissenschaftlich-technische Revolution in einem
sozialistischen System einen gänzlich anderen Stellenwert ein-
nehme als in einem kapitalistischen. Man geht davon aus, dass
zwischen den Produktionsverhältnissen und den Produktivkräften ein Rückkoppelungsprozess bestehe. Die Entwicklung der Produktivkräfte sei nicht blinder "Sachzwang", vielmehr werde sie
durch die jeweiligen Produktionsverhältnisse entscheidend modi-
fiziert. Während im Kapitalismus die wissenschaftlich-technische Revolution zur Vertiefung der Entfremdung und zum Abbau

1) Weber, Die sozialistische Einheitspartei Deutschlands, ibid.
2) Zum folgenden vgl. Willy Wyninger: Demokratie und Plan in
   der DDR. S. 51 ff.

der bürgerlichen Demokratie führe, zeichne sich in der DDR eine
allmähliche Aufhebung der Entfremdung ab:

"Es gibt kein 'Ausgeliefertsein' des Menschen gegenüber dem
'Dämon' Technik. Die Umstände haben zwar ihr eigenes Gewicht,
stellen dem menschlichen Eingreifen Widerstand entgegen, sind
aber grundsätzlich machbar. Die Annahme wechselseitiger dialek-
tischer Verflechtungen zwischen Produktivkräften und Produktionsverhältnissen, zwischen 'Basis' und 'Überbau', betont auch
die aktiven und gestaltenden Einwirkungsmöglichkeiten des Überbaus." 1)

Die sozialistische Gesellschaftswissenschaft hofft, dass die
emanzipatorische Wirkung der wissenschaftlich-technischen Revolution den Menschen aus der Sklaverei der Technik befreien
kann. Ohne die wissenschaftlich-technische Revolution könne
der Sozialismus sein Ziel, die Humanisierung der Gesellschaft
(einschliesslich der Arbeitswelt), nicht erreichen. Sozialismus
und wissenschaftlich-technische Revolution seien eng miteinander verknüpft, wenn sie auch relativ unabhängig voneinander ent-
standen seien. Der "Sieg der sozialistischen Produktionsverhältnisse" bedeute noch lange nicht das Ende der Entwicklung, vielmehr werde die ständige Verbesserung der Produktivkräfte die
Produktionsverhältnisse weiterentwickeln und damit die Grundlage für eine permanente Gesellschaftsveränderung bilden. 2)
Zu fragen ist freilich, ob die Zweck-Mittel-Relation, wie sie
hier aufgezeigt wird, den tatsächlichen Gegebenheiten entspricht oder ob nicht der Primat der Ökonomie, nach dem das ganze System ausgerichtet ist, auch hier die Prioritäten setzt, so
dass die wissenschaftlich-technische Revolution letztlich nur
zum Instrument der Produktionssteigerung degradiert wird. Ob
die Produktionsverhältnisse, auf die Wyninger sich beruft, tatsächlich so beschaffen sind, dass sie den beschriebenen Einfluss
auf die Entwicklung der Produktivkräfte ausüben können, darf
angesichts der Macht- und Entscheidungsstrukturen im Wirtschaftssystem der DDR gleichfalls bezweifelt werden.

---

1) Wyninger, a.a.O., S. 51.
2) Wyninger, ibid.

Zum gegenwärtigen Zeitpunkt jedenfalls manifestiert sich der
wissenschaftliche Fortschritt in der DDR primär als "unaus-
weichliche Entwicklung", die dem einzelnen eher Zwang auferlegt, als dass sie ihm mehr Spielraum verschafft. Allenfalls
kann mit Hilfe der Wissenschaft die künftige Entwicklung pro-
gnostiziert werden, so dass die einzelnen die Chance haben, sich
darauf einzustellen. Die prinzipielle Möglichkeit, bestimmte Entwicklungen abzulehnen, scheint nicht gegeben zu sein. Der
"Fortschritt" vollzieht sich mit "naturgesetzhafter" Notwendigkeit; der Zwang zur ständigen Weiterentwicklung, zur permanenten Innovation, zur immer stärkeren Effektivitätssteigerung
scheint der politischen Diskussion der Betroffenen entzogen zu
sein.

Wohl mag man - wie Wyninger - auf die Zukunft verweisen, wo die
Entwicklung der Produktivkräfte den Freiheitsraum beträchtlich
vergrössert haben wird. In Anbetracht der mangelnden qualitativen Differenz zwischen der Gegenwart und den Vorstellungen von
der Zukunft muss jedoch bezweifelt werden, dass der potentielle
Freiheitsraum tatsächlich so genutzt werden wird, wie es Wyninger postuliert. Vielmehr zielen alle Innovationen auf eine
rein quantitative Verbesserung des gegenwärtigen Systems, dessen langfristiger Stabilisierung sie dienen soll. Der Fortschritt (als materielle Verbesserung der Lebensverhältnisse)
legitimiert das bestehende politische System und ermöglicht
dessen Perpetuierung.

Dass die abstrakte Formelhaftigkeit des gesellschaftlichen Fortschritts letztlich auf die mangelnde Konkretisierung des End-
ziels "Kommunismus" zurückzuführen ist, liegt auf der Hand.
Kommunismus als konkrete Utopie, die regulierend auf die gesellschaftlichen Transformationsprozesse der Gegenwart einwirkte,
hätte die Aufstellung gesamtgesellschaftlicher Perspektivpläne
erlaubt, die einen qualitativ anderen Charakter getragen hätten
als den der blossen Fortschreibung und Perfektionierung der gegenwärtigen Verhältnisse.

Unter den gegebenen Umständen entspricht die Zweck-Mittel-Relation derjenigen, die Habermas in kritischer Auseinandersetzung mit den technokratischen Theorien auf kapitalistiscner Basis entwickelt:

"So ergibt sich eine Perspektive, in der die Entwicklung des gesellschaftlichen Systems durch die Logik des wissenschaftlich-technischen Fortschritts bestimmt zu sein scheint. Die immanente Gesetzlichkeit dieses Fortschritts scheint die Sachzwänge zu produzieren, denen eine funktionalen Bedürfnissen gehorchende Politik folgen muss. Wenn sich dieser Schein aber wirksam festgesetzt hat, dann kann der propagandistische Hinweis auf die Rolle von Technik und Wissenschaft erklären und legitimieren, warum in modernen Gesellschaften ein demokratischer Willensbildungsprozess über praktische Fragen seine Funktion verlieren [...] 'muss'."1)

Exemplifizieren lässt sich diese Zweck-Mittel-Relation am Beispiel der (später noch ausführlicher darzustellenden) "sozialistischen Persönlichkeit", dem derzeitigen Hauptgegenstand der DDR-Literatur. Das Wesen dieser sozialistischen Persönlichkeit liegt in ihrer Bereitschaft zur permanenten Qualifikation. Nachdrücklich wird auf dieser Verpflichtung insistiert:

"Die Gesamtheit seiner Fähigkeiten kann der gesellschaftliche Mensch nur über die Entwicklung der Produktivkräfte ausbilden. Die Entwicklung beweist, dass sich nur auf die Grundlage sozialistischer Produktionsverhältnisse die reale Möglichkeit ergibt, die wissenschaftlich-technische Revolution mit den Menschen und für die Menschen zu meistern. Und deshalb sind die allseitige Entwicklung sozialistischer Persönlichkeiten und die Entwicklung der Produktivkräfte eine untrennbare Einheit."2)

Die Folgerung, die daraus gezogen wird:

"Darum gilt das Motto: Jeder muss lernen, sein ganzes Leben lang lernen. Der Sozialismus verlangt Menschen, die ständige Weiterbildung als Kern ihrer Gesamtentwicklung zur sozialistischen Persönlichkeit verstehen."3)

---

1) Jürgen Habermas: Technik und Wissenschaft als Ideologie. Frankfurt 1968, S. 81.
2) Erwin Pracht/Werner Neubert: Sozialistischer Realismus - Positionen, Probleme, Perspektiven, Berlin/DDR 1970, S.11.
3) Ibid.

Dass jedoch mit "Lernen" in erster Linie der Erwerb von Sach-
kenntnissen gemeint ist, wird aus einem unmittelbar anschlies-
senden Ulbricht-Zitat klar:

"Alle müssen lernen, die Mitglieder des Zentralkommitees und
des Ministerrats genau so wie jeder Werktätige in seinem Betrieb. Ohne dieses intensive Lernen ist es nicht möglich, die
sozialistische Demokratie in gesunder Weise zu entwickeln. Nur
derjenige kann wirklich mitwirken, ein gewichtiges Wort mit-
sprechen, sein Urteil abgeben und die notwendigen Initiative
entfalten, der grössere Sachkenntnis über die weitere gesellschaftliche und fachliche Entwicklung besitzt."[1]

Mit anderen Worten: Die sozialistische Persönlichkeit" entwickelt und beweist sich durch ihr Bedürfnis nach weiterer Qualifikation. Dieses Lernen kommt, da es sich weitgehend um den
Erwerb fachlicher Qualifikationen handelt, der Wirtschaft zu-
gute. Der Endzweck ist demnach nicht die allseitige Entfaltung
der Persönlichkeit, sondern der ökonomische Fortschritt. Ein
dialektisches Verhältnis von Individuum und Gesellschaft, das
keines der beiden Momente absolut setzte, sondern eine Wechselwirkung zwischen der Entfaltung des Individuums und dem gesamtgesellschaftlichen Fortschritt ermöglichte, ist hier keinesfalls gegeben. Die Entwicklung des Individuums kann sich daher
auch nur als funktionale Verbesserung vollziehen: Der einzelne
lernt, der Gesellschaft besser zu dienen, ohne dass die Gesellschaft selbst kritisch hinterfragt würde.
Weit verbreitet scheint das Gefühl zu sein, dass man in einer
Zeit rascher Veränderungen lebe.[2] Technische Innovation, die
immer schnellere Umsetzung wissenschaftlicher Erkenntnisse in
ökonomischen Nutzen, das ist das Gebot der Stunde. Zeitverlust
gilt als Unterlassungssünde, die meist unverzeihlich ist.
Der Gedanke an die Zukunft eröffnet daher nur selten freudige
Aussichten; dominierend ist vielmehr die Furcht, den Anschluss
zu verpassen.

---

1) Walter Ulbricht: Grundbedingungen unseres Fortschritts. In:
   Neues Deutschland v. 16.1.1969,zitiert nach Pracht,a.a.O.,
   S. 12.
2) Von der "Ökonomie der Zeit" spricht Erik Neutsch in seinem
   Roman "Auf der Suche nach Gatt" (S. 255), und er nennt sie
   "die tanzende Hore des Sozialismus". Der ständige Zeitdruck,
   unter dem die Umstellungen vollzogen werden, manifestiert
   sich deutlich in diesem Bild.

Die Impulse für diese Veränderungen scheinen aus der wissenschaftlichen Entwicklung zu stammen, ohne dass ihre politische
Bedingtheit (etwa durch Parteibeschlüsse) sichtbar würde. Als
heteronomes Prinzip steht der "Fortschritt" denen gegenüber,
die - nach offizieller Meinung - die Schöpfer ihres eigenen
Schicksals sein sollen. Ihnen bleibt allenfalls die prognosti-
sche Weitsicht, die zur rechtzeitigen Anpassung befähigt. Vor
allem der Planer und Leiter muss erkennen, was mit "unausweich-
licher Notwendigkeit" auf ihn zukommt. Besitzt er diese Fähigkeit nicht, muss er abtreten und wird durch einen Flexibleren
ersetzt.
Besonders betroffen sind die "Männer der ersten Stunde", die Pioniere der harten Aufbauzeiten nach Kriegsende und in den frühen Fünfzigerjahren, deren impulsiver Unternehmungsgeist im Zeitalter der exakten Planung seinen Wert verloren hat. Sie können
mit den fachlich qualifizierten Spezialisten nicht wetteifern.
Was gestern richtig war, Härte und Beharrungsvermögen, ist heute bereits überflüssig geworden und hemmt womöglich den Fortschritt.
Erforderlich ist die Fähigkeit zur Selbstkorrektur, die auf der
ständigen Qualifikation beruht. Die scheinbare Aktivität dieses
Vorgangs darf nicht darüber hinwegtäuschen, dass es sich um einen permanenten Anpassungsprozess handelt, der freilich vom Individuum in eigener Regie vollzogen wird.
Wenn auch die DDR als sozialistischer Staat nicht unter der
Prämisse der Kapitalmaximierung steht, gilt auch für sie Habermas' Kriterium, dass der gesellschaftliche Rahmen der öffentlichen Diskussion entrückt ist.[1] Unter dem Deckmantel scheinbar
wissenschaftlich bedingter Zwangsläufigkeit vollzieht sich die
politische Willensbildung ohne Beteiligung der Betroffenen.

---

1) Eine stringente Theorie der Technokratie in sozialistischen
Ländern fehlt bedauerlicherweise. Der hier unternommene
Versuch, die Kriterien, die anhand westlicher Verhältnisse
gewonnen wurden, auf sozialistische Gesellschaften zu über-
tragen, kann nur auf dem Nachweis einiger - allerdings relevanter - Übereinstimmungen beruhen.

Die Folge ist eine weitreichende Entpolitisierung der Bevölkerung; deren Loyalität versucht man sich (zumindest galt dies
für die späten sechziger und frühen siebziger Jahre) durch ver-
besserte Befriedigung von Konsumbedürfnissen zu sichern. In
diesem Zusammenhang ist auf die sog. "materiellen Stimuli"
oder "materiellen Anreize" hinzuweisen, die als Mittel zur Verbesserung der Produktionseffektivität dienen. Die "materielle
Interessiertheit" der Individuen gilt als "Vermittlung von
privaten und gesellschaftlichen Belangen":[1]

"An die Stelle der Triebkraft des privaten Profitstrebens als
Motor des gesellschaftlichen Fortschritts setzt der Sozialis-
mus die objektive Übereinstimmung der individuellen, kollek-
tiven und gesellschaftlichen Interessen der gesellschaftlichen
Eigentümer als Motiv der kollektiven Anstrengung zur besseren
Bedürfnisbefriedigung."[2]

Was hier als "Übereinstimmung der individuellen, kollektiven
und gesellschaftlichen Interessen" gepriesen wird, mag eher
an Mandevilles zynische These erinnern, dass private Laster
öffentliche Tugenden seien. Zur offiziellen Rechtfertigung
dieser Praxis dient die Schutzbehauptung, Privatinteresse und
Eigennutz gerieten im Sozialismus "unweigerlich unter die politische und ökonomische Kontrolle und Disziplin des Plans."[3]
Dass umgekehrt das Privatinteresse stimuliert werden könne,
wird nicht einmal in Erwägung gezogen. De facto werden Privatinteresse und gesellschaftlicher Fortschritt miteinander verkoppelt, so dass für den einzelnen der "Fortschritt" sich
primär als ökonomische Verbesserung namifestiert. Nirgends erweist sich der Primat der Ökonomie wirkungsvoller als in dieser
Apologie des privaten Gewinnstrebens. Damit verewigt sich zugleich der gegenwärtige Zustand im Bewusstsein der Individuen,
und zementiert damit das bestehende Herrschaftssystem.

1) Autorenkollektiv Frankfurt: Probleme sozialistischer Kulturpolitik am Beispiel DDR. Frankfurt 1974, S. 18.
2) Autorenkollektiv Frankfurt, a.a.O., S. 19.
3) Ibid.

3) Zur Funktion von Literatur in der "entwickelten sozialistischen Gesellschaft" der DDR

a) Historischer Rückblick

Am Anfang der DDR- bzw. SBZ-Literatur stand das emphatische Bekenntnis zur Politik: Die antifaschistische Literatur der ersten Nachkriegsjahre setzte die Volksfrontstrategie der Exil-
zeit fort, sie war durchdrungen von der Bejahung der humanisti-
schen Grundwerte und dem Kampf gegen die faschistische Barba-
rei. Abgelöst wurde sie zu Beginn der 50er Jahre von einem Typus von Literatur, für den Anna Seghers' Roman "Die Entscheidung" den wichtigsten Titel gab: Es ging um das Bekenntnis für
oder gegen den Sozialismus. Die schwarz-weiss-malende, oft mit
melodramatischen Zügen ausgestattete Literatur dieser (wesent-
lich vom Geist des orthodoxen Marxismus geprägten) Epoche fand
ihr Ende mit der "Bitterfelder Bewegung", die die "Ankunft im
Alltag" zum wichtigsten Thema erhob. (Brigitte Reimanns gleich-
namiger Roman bot den Titel dafür.) Die praktische Bewährung
im Sozialismus stand jetzt im Vordergrund; sie manifestierte
sich vor allem im Kampf um die Steigerung der ökonomischen Effektivität. Eng verschränkt damit war jedoch das Engagement für
politische Ziele, die nach dem XX. Parteitag der KPdSU aktuell
geworden waren: Um die Arbeitsproduktivität zu erhöhen, waren
oft Auseinandersetzungen mit der lähmenden Bürokratie und mit
stalinistischen Dogmatikern notwendig, die den "Tüchtigen"
(das Leitbild dieser Epoche) an der freien Entfaltung seiner
Fähigkeiten hinderten.
Der Anstoss, den die DDR-Literatur durch die Bitterfelder Bewegung erhalten hatte, war zum Zeitpunkt der II. Bitterfelder
Konferenz (1964) bereits verebbt. Zumindest erschien später
kaum noch ernstzunehmende Literatur zu diesem Thema. Während
die "Zirkel schreibender Arbeiter" sich mehr und mehr zur
"Volkskunstbewegung" entwickelten, die das "Laienschaffen" (in
jüngster Zeit vor allem bei Kindern und Jugendlichen) förder-
ten, wandten sich die professionellen Schriftsteller vielfach
individuellen, stark subjektiv gefärbten Problemen zu. Das

mochte zweierlei Gründe haben:[1])

Zum einen hatte sich die vorgegebene Thematik des "Bitterfelder Weges" dadurch erschöpft, dass ihre Forderungen 1963 we-
sentliche Bestandteile des "Neuen Ökonomischen Systems der Planung und Leitung" geworden und damit erfüllt waren. Zum anderen
war der "kulturrevolutionäre" Impetus von 1959 längst durch die
Parole von der "sozialistischen Menschengemeinschaft" (Ulbricht)
ersetzt worden. Die kämpferischen Formulierungen vom Erstürmen
der Kulturhöhen passten nicht mehr in das offiziell propagierte Gesellschaftsbild.[2])

In den folgenden Jahren, vor allem in der Zeit nach dem VII.
Parteitag, trat die handlungsorientierte Funktion der Litera-
tur in den Vordergrund.[3]) In der theoretischen Abhandlung von
Pracht/Neubert dominiert dieser sozialtechnische Aspekt. Die
Literatur soll dem Leser Modelle zur Konfliktlösung anbieten.
Konflikte nichtantagonistischer Art, wie sie auch in soziali-
stischen Gesellschaften entstehen, sollen als prinzipiell lös-
bare vorgeführt werden:

1) Zum Thema "Bitterfelder Weg". vgl. Ingeborg Gerlach:Bitter-
   feld. Arbeiterliteratur und Literatur der Arbeitswelt in
   der DDR. Kronberg 1974.
2) Sein offizielles Ende fand der "Bitterfelder Weg" erst auf
   dem VIII. Parteitag der SED, auf dem die Parole von 1959
   nicht mehr wiederholt wurde, weil sie sich an unmittelbaren
   Gegenwartsthemen orientierte.
3) Pracht/Neubert, a.a.O., S. 177 - Zum "Modellbegriff" der
   Literatur, der die Abbildtheorie ablöste, vgl. Peter Uwe
   Hohendahl: Ästhetik und Sozialismus: Zur neueren Literaturtheorie der DDR. In: Literatur und Literaturtheorie in der
   DDR. Hrsg. v. Peter Uwe Hohendahl und Patricia Herminghouse.
   Frankfurt 1976, S. 100 - 162. (Zum Modellbegriff vor allem
   S. 113 ff.)

"Heute sind die Menschen dem Wirken von Widersprüchen nicht
ausgeliefert, sondern sie meistern und lösen sie immer besser,
und darauf kommt es an."1)

Es genüge nicht, wird betont, den Konflikt als solchen darzustellen, vielmehr müssten die Triebkräfte der Entwicklung her-
ausgearbeitet werden. Der Perspektive der Entwicklung müsse
sichtbar gemacht werden. Die Literatur habe die Aufgabe, die
neuartigen Konflikte, die sich aus der gesellschaftlichen Entwicklung ergeben, aufzugreifen und beispielhaft zu gestalten.
Es gehe um die Gestaltung von Konflikten,

"die gesellschaftlich entstehen, für die es noch keine gesetz-
lich vorgeschriebenen Verhaltensweisen gibt, wo sich die ethi-
schen Normen noch nicht in allgemeine Regeln niedergeschlagen
haben, wo sich neue Haltungen und Entscheidungen der Menschen
erst abzeichnen."2)

Auf diese Weise falle der Literatur eine wegweisende Rolle zu:
Sie müsse Konflikte aufgreifen, die noch nicht ins öffentliche
Bewusstsein gedrungen seien. Und sie müsse gegebenenfalls Lösungen vorschlagen. Insofern könne sie eine Vermittlerrolle
zwischen der politischen Führung und der Bevölkerung überneh-
men.3)

Als Thema eines echten Konflikts wird "das Alte und das Neue"
vorgeschlagen - ein Problem, das angesichts der kontinuierlichen gesellschaftlichen Fortentwicklung von ständiger Aktualität ist. Im "Kulturpolitischen Wörterbuch"4) heisst es dazu:

---

1) Walter Ulbricht, zitiert nach Pracht/Neubert, a.a.O., S. 177.
2) Pracht/Neubert, a.a.O., S. 198.
3) Pracht/Neubert, ibid.
4) Das "Kulturpolitische Wörterbuch" (Hrsg. von H. Bühl, Berlin/
   DDR 1970) besass vor dem VIII. Parteitag offiziösen Charakter; seit 1971 gilt es als "überholt".

"Aus der Kollision von Bahnbrechern des Neuen mit veralteten,
überholten Normen und Verhaltensweisen, aus dem Widerspruch
zwischen bewusster, weitblickender Vorsorge für die Zukunft und
dringlichen Augenblicksinteressen, aus der ausserordentlich
vielfältigen Dialektik der Beziehungen von sozialistischer Persönlichkeit und sozialistischer Gemeinschaft, aus der gesetz-
mässigen Notwendigkeit, persönliche und gesellschaftliche Interessen in Übereinstimmung zu bringen - kurz, aus dem Wirken aller Entwicklungsgesetze und Triebkräfte des sozialistischen
Fortschritts erwachsen gestaltungswürdige potentielle Konflikt-
möglichkeiten, durch deren parteiliche Gestaltung ein wesent-
licher geistig-künstlerischer Beitrag zur Entwicklung der
hauptsächlichen Triebkräfte der sozialistischen Gesellschaft
geleistet werden kann."[1]

"Scheinkonflikte" sollen vermieden werden.[2] Auch das Alte, das

im Zuge des gesellschaftlichen Fortschritts untergehen muss,

soll so beschaffen sein, dass es Werte besitzt, die in veränder-

ter Form in die Zukunft hinübergerettet werden können. Und der

Mensch, der in einem derartigen Konflikt unterliegt, ist nicht

der "Bösewicht",den es um jeden Preis zu besiegen gilt, son-

dern ihm muss ein gangbarer Weg aus der Niederlage heraus ge-

zeigt werden.

Diese sozialtechnisch orientierte Literatur befolgte die Wei-

sung des VII. Parteitags (1967), dass sich die Kunst die

"fortgeschrittensten Lebenserscheinungen und sozialen Probleme
der wirtschaftlichen und der gesellschaftlichen menschlichen
Entwicklung"[3]

zum Thema nehmen solle. Der VIII. Parteitag (1971) rückte davon

ab; zwar wurde die historische Notwendigkeit der bisherigen

Entwicklung betont, aber darüber hinaus erweiterte man das Spek-

trum auf die ganze "Breite der schöpferischen Möglichkeiten,

Themen, Stile und Handschriften einer volksverbundenen Kunst."[4]

---

1) "Kulturpolitisches Wörterbuch", a.a.O., S. 275 f.
   (Artikel "Konflikte").
2) Pracht/Neubert, a.a.O., S. 198.
3) Zur Theorie des sozialistischen Realismus. Hrsg. vom Institut für Gesellschaftswissenschaften beim ZK der SED. Berlin
   1974, S. 280.
4) Ibid.

Die offiziöse Abhandlung "Zur Theorie des sozialistischen Realismus" (1974), die die Schrift von Pracht/Neubert: "Sozialistischer Realismus - Positionen, Probleme, Perspektiven" (1970)
ablöste[1], berührt den sozialtechnischen Aspekt der Literatur
nur noch beiläufig. Diejenigen Passagen überwiegen, in denen
die umfassende, den ganzen Menschen prägende Kraft der Literatur betont wird. Sowohl das Menschenbild in dieser Literatur
wie auch deren theoretische Fundierung gewinnt zunehmend irrationale Züge. Während die antifaschistische wie die (weitgehend stalinistisch geprägte) Entscheidungsliteratur eindeutig
eine politische Funktion erfüllte, standen die Bitterfelder
und die nachfolgende sozialtechnisch orientierte Literatur
im Dienst der ökonomischen Zielsetzung. Nunmehr dominiert eine
"psychologische" Aufgabenstellung: die Literatur dient der "Er-
fassung" des ganzen Menschen und speziell seines Unbewussten.

---

1) Beide sind SED-eigenen Dietz Verlag erschienen; "Zur Theorie des sozialistischen Realismus" wurde sogar vom partei-
eigenen"Institut für Gesellschaftswissenschaften"erarbeitet.

b) <u>Ästhetik als "Leitungswissenschaft"</u>

"Ästhetik in der DDR beschreibt Kunst unter dem Gesichtspunkt
ihrer Fungibilität, indem sie ihr zugleich jene Zwecke prä-
skriptiv vorgibt, denen sie gerecht zu werden habe. Für die
Zweckauswahl und die Mittelbeurteilung steht ihr eine ideolo-
gisch gesicherte Wertordnung zur Verfügung, deren Geltung über-
zeugungswirksam zu exemplifizieren zum ästhetischen Programm
des Kunstschaffens wird."1)

Damit verzichtet die sozialistische Ästhetik auf das Autonomie-
Postulat der spätbürgerlichen Literatur. Hatte Hegel in seiner
"Ästhetik" die These vom Ende der Kunstepoche aufgestellt, so
vertritt die DDR-Ästhetik demgegenüber die Auffassung, dass die
Kunst, sofern ihr erneut eine Funktion zugewiesen werde, ihre
Möglichkeiten noch längst nicht erschöpft habe. Vielmehr wird
ihr, wie aus parteioffiziellen Abhandlungen zu entnehmen ist,
eine Bedeutsamkeit zugeschrieben, deren Umfang den westlichen
Beobachter zunächst überraschen muss.
Im "Kulturpolitischen Wörterbuch" beispielsweise heisst es:
die Kunst habe die Aufgabe,

"gestaltend mitzuwirken bei der Entfaltung der sozialistischen
Menschengemeinschaft, bei der Verwirklichung einer neuen Stufe
des Sozialismus. Das bedeutet für die Kunst, teilzunehmen an
der Ausprägung des geistigen Antlitzes der sozialistischen Persönlichkeit, an der Entfaltung des sozialistischen Bewusstseins,
der weltanschaulich-ethischen Werte und der Schönheitsvorstel-
lungen der neuen Gesellschaft, da gerade die Kunst es mit ihren
spezifischen Mitteln vermag, auf jene komplexe Weise die Ge-
danken- und Gefühlswelt der Menschen zu beeinflussen, auf die
es bei der allseitigen Formung der sozialistischen Persönlichkeit ankommt. Die Wirkung der sozialistischen Kunst im Gesell-
schaftsganzen beruht in erster Linie darauf, einen unersetzba-
ren Beitrag zur Ausbildung der Hauptriebkraft der gesellschaftlichen Entwicklung, zur ständigen Übereinstimmung der gesellschaftlichen und persönlichen Interessen zu leisten."2)

1) Marcel Struwe/Jörg Villwock: Aspekte präskriptiver Ästhetik. In: Einführung in Theorie, Geschichte und Funktion der
DDR-Literatur. Hrsg. v. Hans-Jürgen Schmitt. (Literaturwissenschaft und Sozialwissenschaften, Bd. 6) Stuttgart 1975,
S. 41.
2) Kulturpolitisches Wörterbuch, a.a.O., S. 331 f. (Artikel
"Kunst".)

Als "Leitungswissenschaft" soll die Kunst eine pädagogische
Funktion erfüllen; sie soll den Leser zur Übereinstimmung mit
dem gesellschaftlichen System erziehen und solche Verhaltensweisen nahelegen, die als wünschenswert erachtet werden. Die
Verfasser des Bandes "Zur Theorie des sozialistischen Realismus" argumentieren:

"Kunst und Literatur müssen sich wie jede andere gesellschaftlich notwendige Tätigkeit als nützlich erweisen. Sie tun dies
durch ihre Resultate, also durch ihre Werke, deren Genuss dazu
anregt, an der Gestaltung des eigenen und des gesellschaftlichen Lebens mitzuarbeiten [...] ".1)

In diesem Zusammenhang wird darauf verwiesen, dass die Kunst
Impulse zu klassenbewusstem Denken, Fühlen und Verhalten gebe.
Wichtig sei hierbei die unlösbare Verbindung von rationalen und
irrationalen Momenten. Der "neue Mensch", die "sozialistische
Persönlichkeit", die mit Unterstützung der Kunst herangebildet
werden soll, wird zwar als ein vernunftbegabtes, aber auch emo-
tionales Wesen definiert. Da die Kunst dank ihrer speziellen
Beschaffenheit, nämlich ihres Bildcharakters, den ganzen Menschen zu erfassen vermöge, könne auch auf die besondere Leistung der Kunst nicht verzichtet werden:

"Wir bestimmen die Kunst als ein besonderes, durch keine andere
Art der geistigen Aneignung der Wirklichkeit zu ersetzendes
Mittel des Weltverstehens. Sie ermöglicht eine Art subjektiver
Aktivität, die alle psychischen, emotionalen, irrationalen
Kräfte, die Phantasie usw. anzusprechen, zu betätigen vermag."2)

Und im "Kulturpolitischen Wörterbuch" heisst es:

"Im künstlerischen Bild prägt sich die Einheit von anschaulich-
bildhaftem und abstrakt-begrifflichem Denken in der übergreifenden Form der Bildhaftigkeit aus. Es bildet Verhältnisse und
Beziehungen der Wirklichkeit ab, deren qualitative Besonderheit
dem abstrakt-theoretischen Denken in Begriffen nicht zugänglich
ist. [...] Das Denken in künstlerischen Bildern ist nicht

---

1) "Zur Theorie des sozialistischen Realismus", a.a.O.,S.670.
2) "Zur Theorie des sozialistischen Realismus", a.a.O., S. 387.

schlechthin nur eine besondere geistige Form der Widerspiege-
lung von Wirklichkeit. Es erfüllt eine spezifische gesellschaftliche Funktion im geschichtlichen Entwicklungsprozess der
Menschheit, die unterschieden ist von der Rolle der wissenschaftlichen Erkenntnis oder jeder anderen Form des gesellschaftlichen Bewusstseins. Das künstlerische Bild ist die Form
der geistigen Aneignung des Ästhetischen in der Wirklichkeit
als der historisch und sozial determinierten Ausdrucksform des
Menschlichen in einer Fülle konkreter Erscheinungen des Umgangs
der Menschen mit der Natur, mit und innerhalb der Gesellschaft
und mit sich selbst. Künstlerisches Denken ist gerade auf die
Aneignung dieses qualitativen Aspekts konkreter Erscheinungen
gerichtet, dessen spezifisches Wesen den einfachen, unmittelbaren Empfindungen nicht ohne weiteres zugänglich ist. Dieses
Wesen der Erscheinungen wird im künstlerischen Bild 'verdich-
tet', verallgemeinert, geweitet und gedanklich weitergeführt.
[...] Künstlerische Bilder vermitteln sinnerfüllte und ver-
allgemeinerte Wahrnehmungen und Vorstellungen. Hier liegt die
Grundlage ihres spezifischen Wahrheitsgehalts, ihrer Lebens-
wahrheit."1)

Angesichts dieser pädagogischen Wirksamkeit ist die politische
Führung darauf bedacht, Kunstproduktion und -rezeption wie auch
die ästhetische Theorie einer umfassenden Lenkung zu unterzie-
hen. Auf der Stufe der "entwickelten sozialistischen Gesellschaft" soll eine enge Wechselwirkung zwischen den Bereichen
Politik, Ökonomie und Kultur herrschen. In diesem Zusammenhang
wird ein deutliches "Nachhinken" des Überbaus gegenüber der
Basis registriert:2) Sitten und Gewohnheiten der Menschen sind
noch vom Leben im Kapitalismus gefärbt; notwendig ist daher
eine "Erziehung" durch Kunst, die neue Bedürfnisse und neue
Eigenschaften in den Menschen weckt: Neugier, Entdeckerdrang,
Lebensfreude. Kunst soll dazu beitragen, die Genussfähigkeit
des Menschen zu steigern. Sozialismus bedeute nicht Askese, wird
nachdrücklich betont; der Genuss müsse nicht als Gegensatz, sondern als Komplement zur Arbeit begriffen werden.3)
Man geht noch einen Schritt weiter: Die Volksmassen sollen
durch den Umgang mit Kunst zum Schöpfertum befähigt werden.4)

---

1) Kulturpolitisches Wörterbuch, a.a.O., S. 74(Artikel "Bild,
   künstlerisches").
2) Vgl. "Zur Theorie des sozialistischen Realismus, a.a.O.,S.225.
3) Vgl. "Zur Theorie des sozialistischen Realismus, a.a.O.,S.220.
4) Vgl. "Zur Theorie des sozialistischen Realismus, a.a.O.,S.225.

Die politisch Verantwortlichen sehen ihre Aufgabe darin, "sozialistische Kulturbedürfnisse zu wecken, zu richten und zu sti-
mulieren."[1]

Was auffällt, ist der passivische Charakter des Vorgangs. Den
Massen wird gleichsam auf bürokratischem Wege ein höheres Kul-
turbedürfnis dekretiert und zugleich die systemkonforme Möglichkeit zur Befriedigung dieses Bedürfnisses angeboten. Ver-
ordnet wird der Impuls zur Aktivität, die aus dem Umgang mit
dem Kunstwerk hervorgehen soll. Bei alledem wird der Führungsanspruch der Partei betont; der Gedanke an eine mögliche Spontaneität von Entwicklungen stösst auf entschiedene Ablehnung.
Im "Kulturpolitischen Wörterbuch" heisst es:

"Diese neue gesellschaftliche Funktion der Kunst realisiert
sich nicht von selbst, sondern nur durch die kontinuierliche
und von einer prognostischen Sicht ausgehende Führung der
Kunstentwicklung durch die Partei der Arbeiterklasse, die
staatlichen Organe und die Massenorganisationen."[2]

In diesem Bestreben, die individuellen Bedürfnisse zu stimulie-
ren und zu regulieren, wird die "technokratische" Grundtendenz
des Systems deutlich. Da die Kunst Zugang nicht nur zu den rationalen, sondern auch zu den irrationalen Bereichen der
menschlichen Psyche verschafft, gilt sie als besonderes wert-
volles Steuerungsmittel:

"Wissenschaftliche Ideologie in einer entwickelten sozialistischen Gesellschaft organisiert die ihr zu Gebote stehenden Ein-
zeldisziplinen nach dem Leistungsprinzip; es geht ihr um die
Optimierung jeglicher Art von Produktion, was für den Bereich
von Kunst nicht mehr quantitative, sondern qualitative Effek-
tivierung ihrer Wirkungsmöglichkeiten heisst.[3]

---

1) "Zur Theorie des sozialistischen Realismus", a.a.O.,S.225.
2) "Kulturpolitisches Wörterbuch", a.a.O., S. 331 (Artikel
   "Kunst").
3) Struwe/Villwock, a.a.O., S. 51 f.

Daher gewinnt die Rezeptionsforschung in der DDR immer mehr an Gewicht.[1] Sie löst die seit Jahrzehnten dominierende Darstellungsästhetik lukácsscher Provenienz ab. Während Lukács die aristotelische Katharsis seiner Literaturtheorie zugrundelegte, richtet sich das Interesse des neuen Forschungszweigs auf die Analyse von spezifischen Gruppenproblemen. Die Rezeptionsforschung soll korrigierend vermitteln zwischen dem gesellschaftsbildenden Gehalt der Werke und dem Leseverhalten des Publikums. Sie soll verdeutlichen helfen, was die Gesellschaft vom Leser erwartet (Identifikation mit den literarischen Vorbildern), und andererseits soll sie Kritik üben, wenn es dem Kunstwerk an Massenwirksamkeit fehlt.[2]

Da sie die Identifikation des Lesers mit den Intentionen des Werks nicht apriori voraussetzt, bedeutet die Entwicklung der Rezeptionsforschung einen wichtigen Schritt zur empirischen Untersuchung der tatsächlichen Disposition der Leser. Die Literaturwissenschaft überwindet damit den abstrakten Idealismus à la Lukács. Die Möglichkeit wäre gegeben, dass die Literatur nunmehr stärker auf die konkreten Bedürfnisse des Lesers eingeht. Angesichts der oben zitierten Funktionszuweisung darf jedoch angenommen werden, dass damit der Leitungswissenschaft Ästhetik neue, wirkungsvollere Steuerungsmechanismen geschaffen werden sollen.

---

1) Struwe/Villwock, a.a.O., S. 55 - Desgleichen Peter Hohendahl in der Einleitung zu dem von ihm herausgegebenen Sammelband "Sozialgeschichte und Wirkungsästhetik", Frankfurt 1974, S. 30 ff.
2) Vgl. Hohendahl, a.a.O., S. 33 f.

II. Analyse von Gegenwartsromanen zum Problem des historischen Fortschritts

1) Vorbemerkung

Die im folgenden interpretierten Romane sind zwar alle in der
ersten Hälfte der siebziger Jahre publiziert worden, ihre Konzeption reicht aber manchmal bis weit in die sechziger Jahre
zurück. Zwei von ihnen, die Romane von Steinberg und Erpenbeck, tragen deutlich die Handschrift der Zeit vor dem VIII.
Parteitag; sie orientieren sich an dem damals gültigen Leitbild der sozialtechnischen Literatur. Kants und Neutschs Romane entsprechen demgegenüber dem neuen Stilideal: Sie stellen
nicht einen Konflikt, sondern ein Individuum und dessen Probleme in den Mittelpunkt und bieten dadurch dem Leser sehr
viel subtilere Identifikationsmöglichkeiten.
Um Individuelles, Unbewusstes, Psychologisches geht es auch in
den Romanen der anderen Autoren. Mit dem Unterschied freilich,
dass der Leser hier nicht, wie in den bisher genannten Romanen, eine befriedigende Lösung vorgesetzt bekommt. Jakobs, Brigitte Reimann oder Gerti Tetzner werfen mehr Fragen auf als
sie beantworten.
Die Romane sind zu verstehen als Reaktion auf die von der politischen Führung ausgegebenen Parolen; einerseits als literarische Umsetzung politischer Programmatik, andererseits als
eine "Antwort" darauf, die keinesfalls immer nur zustimmend
ausfällt, die aber davon ausgeht, dass der Gesellschaft mit
einer solchen Antwort gedient sein dürfte.

2) <u>Erik Neutsch: "Auf der Suche nach Gatt"</u>

Gehörte der Rückblick auf die schweren Anfangsjahre nach dem
Krieg schon seit langem zum Pflichtpensum des DDR-Romans, so
ist dieses retrospektive Sich-Vergewissern, welchen Weg man
genommen hat, an der Schwelle zum Computer-Zeitalter noch un-
abdingbarer geworden. Manche beunruhigende Neuheit zeichnet
sich am Horizont ab; die Tugenden eines guten Sozialisten sind
heute nicht mehr dieselben wie vor 25 Jahren - Grund genug für
manchen Altgedienten, die Entwicklung bis zur Gegenwart noch
einmal in Gedanken nachzuvollziehen und dabei kritisch zu über-
prüfen, was man in der Vergangenheit falsch gemacht hat.
Insofern bedeutet dieser Rückblick "Revision": Mit den Einsichten der Gegenwart rekapituliert man die Vergangenheit noch einmal. Die Nahtstellen und Schlüsselereignisse treten nun deutlicher hervor, zukunftweisende Entwicklungen werden früher erkennbar. Aber auch die Fehler zeichnen sich klarer ab, die Versäumnisse, die Übereilungen. Man ist behutsamer geworden im
Lauf der Jahre, man hat gelernt, differenzierter zu denken. An
die Stelle des blinden Zorns ist die Geduld getreten. Der An-
derskenkende wird nicht mehr automatisch zum Klassenfeind ge-
stempelt, sondern er gilt als einer, der vielleicht durch bessere Argumente überzeugt werden könnte.
Als erster machte Hermann Kant 1965 in seiner "Aula" von diesen Möglichkeiten der Retrospektive Gebrauch. Im Spiegel der
individuellen Lebensgeschichte seiner Helden zeichnet sich die
historische Entwicklung der DDR ab. Zugleich wird aus der Sicht
der Jahre nach dem XX. Parteitag der KPdSU Kritik geübt an den
dogmatischen Eiferern der stalinistischen Ära. Und schliesslich
wird dem Helden Gelegenheit gegeben, die ehemaligen "Waisenknaben" von der Arbeiter- und Bauernfakultät in ihren jetzigen
Positionen zu erleben und so dem Leser augenfällig die Auf-
stiegsmöglichkeiten der einstigen Proletarier zu demonstrieren.

---

1) Erschienen im Mitteldeutsche Verlag, Halle (Saale) 1973.
   Zitiert wird nach der westdeutschen Lizenzausgabe (München
   1974).

Erik Neutsch, der nach "Spur der Steine" (1964), einem der
bekanntesten Romane des "Bitterfelder Weges", nunmehr sein
zweites grosses Opus vorlegt, folgt diesem Schema. Während
"Spur der Steine" sich auf die unmittelbare Gegenwart, den Aufbau der Grossindustrie, beschränkte (wie es der gegenwarts-
orientierten Bitterfelder Programmatik entsprach), holt Neutsch
hier weit aus und zieht die Linie durch von den Kriegs- und
Nachkriegsjahren bis zur neuesten Gegenwart. Im Gegensatz zu
Kants heiter-selbstironischem Roman überwiegt jedoch die ernsthafte Reflexion. Die Fehler der Vergangenheit, die noch einmal
zur Sprache kommen, wiegen schwerer als die mehr oder weniger
lässlichen Sünden bei Kant, die Auseinandersetzungen werden här-
ter und prinzipieller geführt.
Allerdings betrachtet Neutsch die Irrtümer der Vergangenheit im
historischen Kontext: Die Mass-Stäbe sind heute anders; man muss,
um gerecht zu bleiben, die damaligen Normen im Blick behalten,
auch wenn man sie längst nicht mehr akzeptiert. Sie entsteht
eine Art "Historismus", der zwar nicht alles Geschehene gut-
heisst, es aber doch nach zeitgenössischen Mass-Stäben zu beur-
teilen sucht.
In den Mund gelegt werden solche Einsichten Jeremias Weissbecher,
dem Chefredakteur der traditionsreichen Parteizeitung "Sächsische Volksstimme" und Mentor der Titelfigur Eberhard Gatt.[1]
Weissbecher äussert sie im Gespräch mit dem Ich-Erzähler, der
Gatts Spuren verfolgt und aus dessen eigenen wie aus fremden
Berichten die Geschichten eines merkwürdigen Lebens zusammen-
stellt.
Gatt war als Sohn einer Bergmannsfamilie im Mansfelder Kupfer-
bergbaugebiet aufgewachsen. Er war selbst Bergmann gewesen und
hatte das harte und entbehrungsreiche Leben unter Tage kennen-
gelernt. Der Krieg und die Auseinandersetzung mit dem Faschismus gehören zu seinen wichtigsten Erlebnissen; sein Eintritt in
die SED nach dem Kriege beruht auf diesen - eher gefühlsmässig
verarbeiteten - Erfahrungen. Als Arbeiterkorrespondent findet
er Kontakt zur "Sächsischen Volksstimme", in die er im Auftrag

---

1) Neutsch, a.a.O., S. 70.

der Partei bald als Journalist eintritt. Sein Bildungsdefizit
überwindet der ehemalige Volksschüler in Abendkursen; er will
sich nicht länger von bürgerlichen Kollegen wegen seiner man-
gelhaften Rechtschreibkenntnisse auslachen lassen.
Beim Schulbesuch lernt er Ruth, seine spätere Frau, kennen. Sie
ist die Tochter einer grossbürgerlichen Arztfamilie und strebt
selbst ein Medizinstudium an. Gatt und Ruth heiraten trotz aller sozialen Unterschiede und trotz der Bedenken Weissbechers,
der den begabten und politisch engagierten jungen Mann lieber
mit einer klassenbewussten Frau liiert gesehen hätte.
Bei den Auseinandersetzungen am 17. Juni 1953 wird Gatt schwer
verletzt. Ruth pflegt ihn aufopfernd und verzichtet seinetwegen auf ihr Medizinstudium. Sie arbeitet dann als Sekretärin in
einem benachbarten Chemiekonzern. Als dort Kontroversen zwischen Arbeitern und Ingenieuren die Arbeitsproduktivität gefähr-
den, soll im Parteiauftrag die "Sächsische Volksstimme" für
Aufklärung sorgen. Gatt, der als Journalist mit dieser Aufgabe
betraut wird, attackiert in einem Artikel Ruths Chef, den Betriebsdirektor Dr. Minnich, wegen seiner antiquierten Leitungsmethoden. Damit löst er dessen Flucht in den Westen aus.
Minnich hat jedoch Unterlagen mitgenommen, die für die Forschung wichtig sind. Der Staatssicherheitsdienst bezichtigt
Ruth, seine ehemalige Sekretärin, der Beihilfe.
Bis ihre Unschuld erwiesen ist, umgibt sie eine Atmosphäre
von Misstrauen, der auch Gatt sich nicht entziehen kann. Weissbecher fordert ihn auf, "Klarheit" zu schaffen. In einer Situation, in der Ruth Hilfe und Verständnis gebraucht hätte,
muss sie erleben, dass selbst Gatt an ihr zweifelt. Damit ist
ihre Ehe zerbrochen. - Tief verbittert versucht Gatt, diese
Niederlage, den Verlust des geliebten Menschen, in einen Sieg
umzubiegen. Er verhärtet menschlich und politisch und wird zum
Dogmatiker zu einem Zeitpunkt, wo offiziell gerade die Abkehr
vom Stalinismus vollzogen worden war. Im Gegensatz zum weit-
sichtigeren Weissbecher bleibt Gatt auf der harten Linie und
gerät damit in einen Gegensatz zur Partei. Im Oktober 1956,
als die Auswirkungen des Ungarnaufstandes auch die DDR strei-

fen, stürzt er sich in die politischen Auseinandersetzungen,
ohne auf seine angegriffene Gesundheit zu achten. Lungenent-
zündung und Tuberkulose sind die Folge, Gatt verschwindet für
drei Jahre in einem Sanatorium.
In dieser Zeit wird er sich darüber klar, was Ruth ihm noch immer bedeutet, er erkennt, dass er falsch gehandelt hat. Aber er
kann auch nach seiner Rückkehr seine Verhärtung und sein Misstrauen nicht überwinden. Die an ihn herangetragene Forderung,
er solle sich weiterqualifizieren und ein Studium aufnehmen,
begreift er nicht. Er versteift sich auf seine früheren Methoden, er will der "Mann der ersten Stunde" bleiben; für die Redaktion ist er bald nicht länger tragbar.
Nach seiner Entlassung beginnt für ihn die Suche nach Ruth, doch
als er sie schliesslich wiederfindet, ist sie die Frau eines anderen, des Ingenieurs Gabriel, der während des Prozesses als
einziger nicht an ihr gezweifelt hatte. Ruth hat aus ihrer neu-
en Ehe zwei Kinder, und sie hat ihr Studium erfolgreich abgeschlossen. Eine Karriere als Herz-Spezialistin liegt vor ihr.
Gatt dagegen steigt ab. Als Hilfsarbeiter lebt er schliesslich
in derselben Stadt wie Ruth. Täglich beobachtet er sie an der
Bahnhofssperre, aber sie weist jedes Gespräch mit ihm zurück.
Als der Ich-Erzähler ihm im Warteraum des Bahnhofs begegnet,
ist er gleichsam auf dem Nullpunkt angekommen, eine verwahr-
loste Existenz, ausgebrannt, kraftlos, fast ohne Hoffnung. Die
"Beichte", die er gegenüber dem ihm völlig unbekannten Erzähler
ablegt, erinnert an die entsprechende Situation im Camus'
"Fall": das Ende einer hoffnungsvollen Laufbahn, schuldloses
Schuldigwerden, scheinbar unabwendbarer Verfall. Nur wenige In-
dizien sprechen dafür, dass in Gatt noch ein Funke des alten Un-
gestüm lebendig geblieben ist und dass er wieder zu sich selbst
zurückfinden kann.
Aber offensichtlich übt gerade die "Beichte" eine kathartische
Funktion aus. Unmittelbar danach verliert der Erzähler Gatt aus
den Augen - ein Zeichen dafür, dass dieser endlich die Kraft gefunden hat, sich von der Bahnhofssperre und dem vergeblichen
Warten auf Ruth zu lösen. Der Tiefpunkt seiner Laufbahn scheint
überwunden zu sein.

Doch der Erzähler ist nachhaltig von Gatts Erscheinung beein-
druckt, er möchte wissen, welche weitere Entwicklung es mit ihm
nehmen wird. Deshalb beginnt jetzt seine Suche nach Gatt, die
dem Buch den Namen gegeben hat. Er folgt dessen Spuren und lernt
Weissbecher kennen, mit dessen Hilfe später Gatt ausfindig gemacht werden kann. Durch Zufall stösst er auch auf Ruth, und
deren Berichte ergänzen Gatts autobiographische Angaben. Sie
relativieren zugleich, wass Gatt in seiner Bitterkeit verabso-
lutiert hatte.

Am Schluss werden nicht nur die kunstvoll gegeneinander ver-
schobenen Erzählebenen zusammengeführt, auch die getrennten
Personen der Handlung finden wieder zueinander. Der Erzähler
bricht sein Versprechen, dass er Gatt nie wiedersehen solle
(dieses Versprechen war die Voraussetzung für die "Beichte" gewesen), und auch zwischen Ruth und Gatt bahnt sich ein modus
vivendi an, der Ruths neue Bindungen schont. - Gatt hat sich
inzwischen im Mansfelder Bergbaugebiet, der Ausgangsstätte seines Wirkens, durch verantwortungsvolle Gewerkschafts- und Par-
teiarbeit qualifiziert; der Leser erfährt, dass er im Parteiauftrag nunmehr ein ökonomisches Studium beginnen wird.

Der Ring hat sich geschlossen. Aber es ist vielmehr eine Spi-
rale: Auf höherer Ebene kehrt Gatt zu seinem Ausgangspunkt zurück, und es lässt sich absehen, dass er noch höher steigen wird.
Der Schluss des Buches ist kein definitiver Endpunkt, Gatt wird
weiterlernen, sich noch weiter verändern und doch der alte
bleiben.

Wenige Seiten vorher hatte der Erzähler anlässlich eines Ex-
kurses in die Mansfelder Geschichte die Verse der Matelda
(Mechthild von Magdeburg) aus Dantes "Göttliche Komödie" rezi-
tiert, die augenscheinlich auf Gatt bezogen werden:

"Ich kehrte wieder von dem heiligen Bronnen,
Verjüngt, wie's junge Pflanzen sind im Kerne,
Die, sich erneuernd, neues Laub gewonnen,
Bereit und rein zu steigen in die Sterne."[1]

---

1) Neutsch, a.a.O., S. 289.

Wie eine Pflanze hat auch er sich wieder verjüngt und wird
weiterwachsen; wie Antäus ist er zur heimatlichen Mansfelder
Erde zurückgekehrt, um aus ihr neue Kraft zu schöpfen.
Wer ist Gatt?

"Guten Abend, Arbeiterklasse!" redet die Bürgerstochter Ruth
ihn an, und an entscheidender Stelle[1) wiederholt sie diesen
Gruss. Die konkrete Figur Eberhard Gatt, räumlich und zeitlich
lokalisierbar, gewinnt im Verlauf dieses Buches immer mehr re-
präsentative Züge. Er soll in individueller Gestalt seine
Klasse und deren Schicksal in der DDR verkörpern. Ihre Niederlagen und Bedrohungen (nach offizieller Version) sind auch
seine Krisen. Das geht so weit, dass der 17. Juni 1953 und der
Ungarnaufstand vom Oktober 1956 als Verwundung oder Erkrankung
seine physische Existenz bedrohen. Seine Stärken sind die des
Proletariats: Unbeugsamkeit, Zähigkeit, ungestümer Wille. Seine Schwächen kennt Weissbecher am besten:

"Eberhard [...] hatte eine grundlegende Schwäche: Er dachte in
Schablonen. Entweder - oder, andere Varianten verabscheute er,
und deshalb konnte er sich nie in entscheidenden Augenblicken,
sobald es erforderlich war, einer neuen Situation anpassen, auf
neue Bedingungen umstellen. An einem Beschluss hielt er auch
dann noch fest, wenn sich dieser bereits durch zwei, drei andere als überholt erwiesen hatte. Korrekturen lassen sich nicht
vermeiden, nicht in einem solch komplizierten Kampf wie dem
unseren, der trotz seiner Grösse nicht ohne Fehler auskommt,
der morgen schon wieder über reichere Erfahrungen verfügt als
heute. Entscheidend ist nur, dass wir selbst unsere Fehler korrigieren müssen. Wer denn sonst? Dass wir uns ständig auf den neuesten Stand des Wissens begeben müssen. Doch das verstand er
nicht. Ebenso schwer fiel es ihm, sich sofort und bedingungs-
los für einen neuen Beschluss einzusetzen. Er fragte zuviel,
stritt sich zuviel mit sich selbst herum. Ihm fehlte der Blick
für Zusammenhänge und die revolutionäre Eigenschaft, stets
der Sache die eigene Kleingläubigkeit, die natürlich auftreten
kann, unterzuordnen, mit einem Wort: Parteiverbundenheit."2)

---

1) Neutsch, a.a.O., S. 247.
2) Neutsch, a.a.O., S. 70.

Mit Hilfe der Partei soll er seinen Mangel an Weitsicht und
Flexibilität überwinden lernen; er soll revolutionären Unge-
stüm mit Geduld und Weitblick verbinden; er soll wissenschaftlich denken lernen, um den Erfordernissen des neuen Zeitalters
gewachsen zu sein. Was er bisher nur intuitiv erfasst hat, soll
er klar erkennen. Der ehemalige Arbeiter soll befähigt werden,
eine Führungsrolle in der "entwickelten sozialistischen Gesellschaft" zu übernehmen.

Es liegt nahe, den väterlichen Freund Weissbecher als Personifizierung der Partei aufzufassen. Zumindest verkörpert er für
Gatt die Partei. (Später übernimmt ein anderer diese Funktion,
bis schliesslich Gatt durch Verinnerlichung der Parteiprinzi-
pien sich von der Bindung an einzelne Mentoren zu lösen gelernt
hat.) Weissbecher, ein Intellektueller bürgerlicher Herkunft, der
während der NS-Zeit Verfolgung und Emigration ertragen hatte,
besitzt die Eigenschaften, die Gatt abgehen: Während sich Gatt
am 17. Juni 1953 blindlings in die Strassenkämpfe stürzt, hält
sich Weissbecher an den Parteiauftrag und bleibt auf seinem Ar-
beitsplatz, in der Redaktion. Gatt hält ihn deswegen für einen
Feigling, er lernt erst spät begreifen, was "Disziplin" bedeutet. Gatt holt sich eine lebensgefährliche Verletzung, er handelt heroisch, aber sein Heldentum war, wie zwischen den Zeilen
zu lesen ist, höchst überflüssig.

Noch tiefer wird die Diskrepanz zwischen ihm und Weissbecher
bzw. der Partei nach dem XX. Parteitag der KPdSU, als Weissbecher das obligatorische Stalinbild in der Redaktion abhängen
will. Gatt protestiert. Weissbecher begeht nach eigenem Einge-
ständnis den Fehler, dass er die Kontroverse nicht vor der Par-
teiöffentlichkeit ausdiskutieren lässt, sondern auf Gatts Ein-
lenken hofft. Den schlimmsten Fehler lässt sich Weissbecher jedoch zuschulden kommen, als er Gatt nicht dazu auffordert, seiner Frau zu helfen, sondern vielmehr von ihm verlangt, "Klarheit" zu schaffen. Das war die alte stalinistische Methode: ja
oder nein, pro oder contra, Freund oder Feind. Das subtile Verhältnis zwischen Gatt und Ruth liess sich jedoch nicht in ein
solches Schema pressen. Als Gatt sich in die Tochter des wohl-
habenden Arztes verliebt, steht sie mit weissem Kleid im

grünen Garten der väterlichen Villa und hält einen Strauss Ver-
gissmeinnicht in der Hand.[1] Angesichts ihrer Schönheit spielt
Gatt mit dem Gedanken, die Klasse zu wechseln und den Aufstieg
in die Bourgeoisie zu wagen. Aber es ist Ruth, die aus freien
Stücken dem "schlimmen Kommunisten" Gatt folgt, obwohl sie sich
bisweilen vor ihm fürchtet.
Ruth ist klug und spöttisch, souverän pariert sie die Attacken
Weissbechers. Sie macht sich dessen Standpunkt nicht zueigen,
dass alle Lebensbereiche dem politischen Zweckdenken unterzuordnen seien. Weissbecher nennt sie "eine schöne Sphinx". Diese
Hinweise des Erzählers erlauben es, auch Ruth als symbolische
Gestalt zu fassen. Was sie verkörpert, kann als "Schönheit",
vielleicht sogar als "Kunst" umrissen werden. Die "sozialistische deutsche Nationalkultur" der DDR gilt als Erbe der bürgerlichen Epoche, das jetzt, von Klassenschranken befreit, zum
Besitztum der ganzen Nation, vor allem aber der Arbeiterklasse,
geworden ist. Offensichtlich repräsentiert Ruth dieses bürgerliche Erbe, das erst in einer sozialistischen Gesellschaft seine eigentlichen Entfaltungsmöglichkeiten findet.
Gatt liebt seine Frau, aber er versteht sie nicht immer; Weissbechers Einfluss spielt dabei eine massgebliche Rolle. Das Zerbrechen dieser Ehe wäre demnach eine verschlüsselte Attacke
gegen die einengende Kulturpolitik der SED in den Aufbaujahren
der DDR. Dem Mann der Partei fehlt das Verständnis für die
"Ungebundenheit", die - relative - Autonomie der Kunst; dadurch
entfremdet er diese der Arbeiterklasse, die sich in ursprüng-
licher Sympathie zu ihr hingezogen fühlt. - Dass Ruth sich später der Wissenschaft zuwendet, bedeutet keinen Widerspruch zu
dieser These; es deutet nur auf einen Funktionswandel des bürgerlichen Erbes hin, das aus seiner bisherigen Zweckfreiheit
herausfindet zum tatkräftigen Dienst am Menschen.
Was bleibt, ist die Frage nach dem Ich-Erzähler. Über seine
Lebensumstände erfahren wir nichts, er geht auf in seiner Funktion, im Beobachten, Recherchieren und Berichten. Vieles erin-

---

1) Neutsch, a.a.O., S. 46 f.

nert auch hier an die Romanschemata des 19. Jahrhunderts: Durch
Zufall wird jemand Zeuge eines merkwürdigen Geschehens, in das
er schliesslich als aktiv Handelnder mit einbezogen wird. Andererseits bietet sich ein Vergleich an mit Christa Wolfs "Nachdenken über Christa T.", dessen eigentliches Thema gleichfalls die Suche nach den Spuren einer Person ist. Der Erzähler
lässt verschiedene Personen, die Gatt nahegestanden haben, zu
Wort kommen; ihre Aussagen ergänzen oder korrigieren sich, was
jedoch das Mitdenken des Lesers voraussetzt. Diese relativ
"moderne" Erzählstruktur, die sich durch das Fehlen eines allwissenden Erzählers und einer von ihm vorgetragenen definitiven
"Wahrheit" auszeichnet, taucht im Rahmen der DDR-Literatur erst-
mals in Christa Wolfs genanntem Werk auf, und es erscheint
plausibel, dass Neutschs Roman hierzu eine bewusste Revokation
darstellen soll. Sein Held ist ein Lebender, dem noch alle Ent-
wicklungsmöglichkeiten offenstehen. Wenn er sich jeder eindeu-
tigen Klassifizierung entzieht, dann deshalb, weil er weiter-
wächst und damit die Meinungen seiner Mitmenschen hinter sich
lässt.
Der Erzähler, der fasziniert Gatts Spuren folgt, wäre demnach
der Chronist, der die Geschichte der Arbeiterklasse in der sozialistischen Gesellschaft aufzeichnet, der ihre grossen Stunden
und ihre Niederlagen beschreibt sowie ihr Verhältnis zur Partei
und zum bürgerlichen Erbe, der "Kultur".
Die Arbeiterklasse lernt unter Anleitung der Partei das Lernen,
sie lernt die Wissenschaften gebrauchen; sie lernt, dass es keinen Stillstand geben darf. Bewegung, Weiterentwicklung, das ist
die eigentliche Maxime von Neutschs Roman. Viele werden träge,
aber die Arbeiterklasse bewahrt sich die Kraft zur Erneuerung,
und die Partei hilft ihr dabei.
Selbst die Kategorien von Gut und Böse werden diesem Lernprozess
subsumiert: Schuldig wird, wer es versäumt, den Anschluss an das
Wissen seiner Zeit zu finden. Schuld ist letztlich Unwissen-
heit, die allerdings als selbstverursacht zu betrachten ist und
aus der jeder, der nur den guten Willen hat, herausfinden kann.

Der Prozess des Lernens verläuft bei Gatt im dialektischen Dreischritt: Von einem Extrem zum anderen und dann zur wohlausge-
wogenen Synthese. Exemplifiziert wird dies an Gatts erster Reportage, die er für die "Sächsische Volksstimme" schreibt: Er
interviewt Trümmerfrauen auf dem Hauptbahnhof und liefert einen
ungeschminkten Bericht vom menschlichen Elend der Nachkriegs-
zeit.[1] Eine verhärmte Frau antwortet ihm auf seine Frage, weshalb sie hier arbeite:

"Ich habe drei Kinder zu Haus zwischen zehn und vierzehn. Sie
betteln nach Brot, und ich krieg sie kaum satt [...]."

Als Gatt seine Reportage gedruckt wiederfindet, liest er statt-
dessen:

"Ich habe drei Kinder zu Haus. Sie wollen in Frieden leben.
Deshalb helfe ich bescheiden mit, ein neues Deutschland auf-
zubauen."

Sein Protest beim Chefredakteur, der für die Änderung verantwortlich zeichnet, trägt ihm die Belehrung ein, er sei nicht
parteilich genug gewesen. Die Konsequenz: Er denkt sich eine
Methode aus, die es ihm gestattet, parteilich zu schreiben,
ohne den Interviewten falsche Aussagen in den Mund zu legen.[2]
Er lässt sie nicht mehr einfach reden, sondern stellt gezielte
Fragen, mit deren Hilfe er politische Bekenntnisse aus ihnen
herauslockt: Die Trümmerfrau, die für ihre Kinder sorgen muss,
wird er nun fragen, ob ihrer Meinung nach der Krieg nötig gewesen sei. Und selbstverständlich wird sie antworten:

"Aber nein. Im Luftschutzbunker habe ich mir geschworen: Lieber
ein Leben lang trockenes Brot, doch nie wieder Bomben."

Von hier aus fehlt dann nicht mehr viel zu der Bereitschaft,
selbst nach Kräften zum Aufbau und zur Erhaltung des Friedens
beizutragen.

---

1) Neutsch, a.a.O., S. 27 ff.
2) Neutsch, a.a.O., S. 31 ff.

Nach diesem Muster verlaufen auch Gatts weitere Lernprozesse,
von denen einer besondere Bedeutung für sein persönliches Leben
erlangt: Im Chemiekombinat, in dem Ruth arbeitet, ist es zu
einer Kontroverse zwischen den Meistern und Arbeitern einerseits und den Ingenieuren andererseits gekommen. Dadurch wird
die Entwicklung eines neuen Fertigungsverfahrens erheblich ver-
zögert. Gatt wird beauftragt, darüber einen Artikel zu schreiben. Er schlägt sich auf die Seite der Arbeiter und prangert
die "kapitalistischen Leitungsmethoden" an, durch die die
"Schöpferkraft der Werktätigen mit Füssen getreten"[1] werde.
Jahre später, nach seinem Sanatoriumsaufenthalt, wird Gatt mit
einer ähnlichen Situation im Bergbau, seinem Spezialgebiet,
konfrontiert: Ein neuer Kohlenhobel, ein sowjetisches Produkt,
soll erprobt werden, für den sich die technische Intelligenz
einsetzt, während die Bergleute Pannen und Unfälle fürchten.[2]
Wiederum ergreift Gatt Partei für die Basis. Er ist sicher,"dass
er hier nur wiederfand, was er bereits vor Jahren bekämpft hatte."[3] Unter direktem Bezug auf seine damaligen Artikel polemisiert er jetzt gegen die Maschine. Die Argumente seines jüngeren
Gegenspielers in der Redaktion, der sich für den technischen
Fortschritt stark macht, will er vom Tisch fegen. Er lässt sich
auf einen sinnlosen Wettkampf ein, bei dem er schliesslich unterliegt, weil die Fakten gegen ihn sprechen. Was vor Jahren
noch richtig gewesen war, hat sich auf Grund der fortgeschrit-
tenen technischen Entwicklung ins Gegenteil verkehrt. Durch
sein hartnäckiges Festhalten am alten Schema erweist Gatt seine
Unfähigkeit zum Lernen.

---

1) Neutsch, a.a.O., S. 100.
2) Neutsch, a.a.O., S. 165 ff.
   Dass hier ein positives Gegenbeispiel zu der bekannten Kohlen-
   hobel-Episode aus Max von der Grüns "Irrlicht und Feuer" in-
   tendiert wird, liegt auf der Hand.
3) Neutsch, a.a.O., S. 166.

Erst gegen Ende des Buches zeigt es sich, dass er seine Lektion
begriffen hat. Im Bergbau, wo er jetzt als Dynamitverwalter
arbeitet, setzt er eine Resolution durch, dass angesichts der
bevorstehenden Schachtschliessung die Werksleitung den Arbeitern
Rede und Antwort stehen soll.[1] Das Verfahren hat Erfolg. Nun
wird nicht mehr die Basis gegen die Leitung ausgespielt, sondern beide suchen gemeinsam nach einer tragbaren Lösung. Gatt
schreibt nach langer Zeit wieder einmal einen Zeitungsartikel,
in dem es heisst:

"Die Zeit, in der sich Ingenieure und Arbeiter noch in den Haa-
ren lagen, ist doch wohl endgültig vorbei, der Gegensatz, in
dem so oft von oben und unten die Rede war, ein Anachronismus,
Ergebnis höchstens falscher Leitungsmethoden. Ich verlange, dass
die Direktion zu uns in den Schacht kommt und uns die Perspektive erklärt."[2]

Nunmehr hat Gatt gelernt, mit der Zeit zu gehen und sich dabei
der rasch fortschreitenden Entwicklung anzupassen. Er hat begriffen: Die Fakten und Bewertungen von gestern sind nicht die
von heute; aus dem einstigen Gegner kann in einer sozialistischen Gesellschaft ein Verbündeter werden. Nur durch die Zusammenarbeit aller wird der Fortschritt nicht verhindert, sondern
gefördert.
Die alles verändernde Zeit spielt eine zentrale Rolle in diesem
Roman. Gatt erfährt ihre Macht, als er nach dreijährigem Sanatoriumsaufenthalt wieder in die Redaktion zurückkehrt und
feststellen muss, dass die Prinzipien von gestern inzwischen
falsch geworden sind. Er will sich dieser Einsicht nicht beu-
gen, klammert sich an seine erlernten Grundsätze und setzt

---

1) Neutsch, a.a.O., S. 246.
2) Neutsch, ibid.
   Die Lösung des Konflikts zwischen Basis und Leitung, für
   die Neutsch hier ein Modell anbietet, kongruiert mit einer
   Äusserung Honeckers auf dem VIII. Parteitag der SED (1971),
   dass viele Betriebsleitungen Beschlüsse ohne die schöpferische Mitwirkung der Arbeiter verwirklichen wollen.
   Vgl. dazu: Wissenschaft und Gesellschaft in der DDR,
   Hrsg. v. Rüdiger Thomas, München 1971, S. 47.

sich dadurch ins Unrecht. Verbittert räsonniert er über sein
Scheitern: "Wir alle unterliegen einem historischen Zwang. Nur
die Passendsten überleben." Ihm erscheint die gesellschaftli-
che Veränderung als eine fremde Macht, der er sich fügen muss.
Der Erzähler korrigiert: "Irrtum, mein Lieber. Bis in alle
Ewigkeit gilt: Freiheit ist die Einsicht in die Notwendigkeit
und in diesem Sinne zu handeln."[1]
Nicht zwangsweise, sondern freiwillig soll sich der Marxist
in die historische Entwicklung einordnen. Jedoch bleibt deren
Notwendigkeit unerörtert. Das betrifft sowohl die politischen
Entscheidungen (XX. Parteitag der KPdSU) wie auch die ökonomischen im Gefolge der wissenschaftlich-technischen Revolution
(Schliessung der Zechen, Umstellung auf Kunststoffproduktion).
Beide Arten von Veränderungen scheinen sich gleichsam naturge-
setzhaft zu vollziehen; dass sie Resultate politischer Willensbildung sind, wird nicht sichtbar. Gatts Fehler besteht zunächst darin, dass er sich diesen Notwendigkeiten nicht fügt,
sondern starrsinnig an den alten Prinzipien festhält. Weissbecher nennt ihn kleingläubig und bemängelt seine fehlende
Parteiverbundenheit.[2] Weil im System der DDR die Transparenz
der politischen Entscheidung fehlt, ist der Glaube an die Richtigkeit der Parteientscheidungen unabdingbar. Der Intellektuelle Weissbecher besitzt genügend Flexibilität, um sich jeweils
der neuesten Entwicklung anzupassen; der ehemalige Arbeiter
Gatt hinkt schwerfällig hinterher und stolpert mehr als einmal.
Erst nachdem er gelernt hat, den Glauben an die Partei zu in-
ternalisieren, gewinnt er seine Aktivität zurück, indem er sich
freiwillig zum Vorkämpfer der als unumgänglich betrachteten
Entwicklung macht: Unter seiner tatkräftigen und phantasievol-
len Mithilfe gelingt die geplante Betriebsumstellung ohne grösseren Reibungsverlust. Jetzt arbeitet die Zeit nicht mehr gegen
ihn, sondern er versucht, mit der "tanzenden Hore des Sozialismus"[3] Schritt zu halten. Sie flösst ihm keinen Schrecken mehr

---

1) Neutsch, a.a.O., S. 179.
2) Neutsch, a.a.O., S. 70.
3) Neutsch, a.a.O., S. 255.

ein, und er ist bereit, diesem Sachverhalt durch einen permanenten Lernprozess Rechnung zu tragen.

Neutsch hat ein ambitioniertes Buch verfasst. Jedoch auch in der
DDR, wo der Roman grosse Beachtung fand, ist er von der Kritik
nicht verschont geblieben. So nennt Karin Hirdina in einer Rezension im "Sonntag"[1] das Buch einen Thesenroman. Die Handlung
diene nur der Illustration von Maximen und Prinzipien. Sie zitiert als Beispiel Neutschs Beschreibung der Titelfigur Gatt:

> "Sein Mund ist hart, seine Augen sind weich, von ihm strahlt zu-
> gleich Entschlossenheit aus und Wärme. Sind das Eindrücke, die
> sich vereinbaren lassen? Ein Mann mit Vergangenheit und ein
> Mann mit Zukunft. Ein Mann mit den zwei Gesichtern unserer
> Zeit."

Sie kritisiert, dass hier das Gesicht des Individuums Eberhard
Gatt unvermittelt zum Spiegelbild "unserer Zeit" erhoben wurde.
"Als literarische Methode erzeugt das Typen, nicht individuali-
sierte Figuren", konstatiert sie.

Zu dieser Kritik wäre allenfalls anzumerken, dass sie den Grad
der Repräsentanz, der Gatt angesonnen wird, noch unterschätzt.
Gatt, die ins Mythische erhobene Arbeiterfigur, ist mehr als
ein Typus. Das Individuum Eberhard Gatt sinkt schliesslich
zum Substrat einer übergeordneten Bedeutung herab. Was Gatt
tut, was mit ihm geschieht, ist nicht per se interessant, sondern es hat eine Bedeutung auf höherer Ebene. Ist der Leser einmal auf solche Hintersinnigkeit aufmerksam geworden, erscheint
ihm jede Episode befrachtet mit verschlüsselter Bedeutung.
Reminiszenszen an die allegorische Dichtung des späten Mittel-
alters stellen sich ein; die Lektüre wird zur Exegese. Jeder
Satz will den Leser von der Wichtigkeit des Geschehens überzeugen. So wird der bevorstehende Strukturwandel im Mansfelder
Bergbaurevier folgendermassen beschrieben:

---

1) Karin Hirdina: Auf der Suche nach Gatt.
   In: "Sonntag" 3/74 (20. Januar 1974), S. 6.

"Seit tausend Jahren wird das rote Gold hier gefördert, seit
hundert Jahren prägen die Fördertürme und Halden das Antlitz
unserer Erde. Und jetzt? Etwas Ungeheuerliches stand bevor,
etwas Unfassbares, Unbegreifliches, das von aussen kam und das
Land zu verwüsten drohte."1)

Bilder und Gegenstände gewinnen überhöhte Bedeutung und durch-
ziehen leitmotivisch den ganzen Roman: Rotdorn und Vergissmein-
nichtblüten symbolisieren den Bereich des Krieges (Blut) und
die stilvolle Atmosphäre, die Ruth umgibt. So wird die Realität reduziert auf ein vielfältig kombinierbares System von
Allegoresen. Karin Hirdina kritisiert zu Recht, dass nichts er-
sichtlich werde über "die Verhältnisse, die die vorgestellten
Verfahrensweisen produziert haben". Und umgekehrt hätten die
dargestellten Verhaltensweisen kaum gesellschaftliche Konsequenzen gezeitigt, sondern nur Folgen für das private Leben der
Hauptpersonen:

"Auf welche Weise Männer wie Gatt Geschichte machen und wie sie
selbst geschichtlich produziert sind, bleibt rätselhaft. Die
Geschichte der Gesellschaft ist schliesslich etwas anders als
die Summe individueller Handlungen, das Verhältnis Individuum
und Gesellschaft ist nicht auf das Verhältnis Teil und Ganzes
zu reduzieren, wie Neutsch es seinen Erzähler tun lässt."2)

Die Rezensentin weist hier auf ein wichtiges Moment hin: dass
nämlich die Geschichte, um die es in diesem Roman gehen soll,
völlig hinter dem Helden Gatt verschwindet. Der Autor negiert
die Differenz zwischen Individuum und Gesellschaft, indem er
das Individuum mittels "mythischer" Stilisierung zu gesamtgesellschaftlicher Relevanz zu erheben trachtet. Dadurch erübrigt
sich für ihn offensichtlich die Einbettung des Helden in den
historischen Zusammenhang. Neutschs Intention, im Spiegel der
individuellen Autobiographie Gatts die politische Geschichte
der DDR darzustellen, verkehrt sich in ihr Gegenteil: Die politische Geschichte reduziert sich zu einer letztlich apoliti-
schen Privatstory mit obligatem Happy end.

---

1) Neutsch, a.a.O., S. 244
2) Hirdina, ibid.

3. Hermann Kant: Das Impressum[1)]

Das Erscheinen von Hermann Kants Roman "Die Aula" (1965) mar-
kiert einen Neuansatz in der Literaturgeschichte der DDR. Inhaltlich betrachtet: Statt Hass und Eifer gegenüber Andersden-
kenden sind Verständnis, Humor und nicht zuletzt Selbstironie
die dominierenden Gefühlslagen; ein neugewonnenes Selbstbewusstsein lässt den Autor die bisher übliche Schwarz-Weiss-Malerei
überwinden und gibt ihm die Möglichkeit zu differenzierter Betrachtung. Dem entspricht die formale Struktur: der Rückblick
auf die schweren Anfangsjahre nach Kriegsende, in denen sowohl
der Protagonist Robert Iswall und seine Freunde von der Arbei-
ter-und-Bauern-Fakultät wie auch -indirekt korrespondiererd-
die junge sozialistische Republik ihre Bewährungszeit bestehen
müssen. Kant erklärt die Wahl der rückwärts gewandten Erzählperspektive mit dem Zeitpunkt der Entstehung[2)]:

"Dies hatte einfach damit zu tun, dass wir uns gesellschaftlich
auf einem Punkt befanden, der uns einen ersten Überblick ermöglichte. Wir waren sozusagen über einen ersten grossen Berg.
Der Blick zurück in Zorn und Schuld blieb, aber wir waren auch
schon in der Lage, mit Genugtuung zurückzublicken, mit Freude
über einen erfolgreichen Neubeginn, was sich selbstverständlich
zum allgemeinen und individuellen Selbstbewusstsein formte."[3)]

Auffällig war jedoch schon an diesem ersten Roman die Tatsache,
dass die einzelnen Episoden grösseres Gewicht besassen als das
Ganze. Diese Rückblenden in die Pionier- und Aufbaujahre prägen
sich dem Gedächtnis des Lesers ungleich stärker ein als die Be-
gebenheiten auf der Gegenwartsebene.Was die tapferen Jungs von
der ABF aushecken, wie sie sich gegen alle Schwierigkeiten behaupten und stets wie Pech und Schwefel zusammenhalten; ihre
Phantasie und Improvisationsgabe, ihr Humor und ihre Zähigkeit

---

1) Hermann Kant. Das Impressum. Westdeutsche Lizenzausgabe, Neuwied 1972.
2) Die Entstehungszeit des Romans fällt mit dem Ende der Aufbaujahre und dem Eintritt in den "entwickelten Sozialismus" zusammen.
3) "Auskünfte". Werkstattgespräche mit DDR-Autoren.Berlin u.
   Weimar 1974, S. 274.

- daneben verblasst die konfliktarme, oft schon in Routine er-
starrende Gegenwart. Der Alltag des Journalisten Robert Iswall
besteht vielfach aus Leerlauf, und man fragt sich bisweilen,
ob die Mühen der ABF-Jahre sich wirklich gelohnt haben, wenn
dies deren Resultat ist. Dass es bei Iswalls Mitschülern nicht
viel anders aussieht, wird am Beispiel des ehemaligen Forstge-
hilfen Jakob Filter demonstriert, der nun als höherer Beamter
im Landwirtschafts- und Forstministerium tätig ist.

Im Zusammenhang mit dieser Gestalt wird ein Problem ange-
deutet, das in Kants zweitem Roman, dem "Impressum" (1972), brei-
teren Raum erhält: Jakob Filter "verwaltet" Wälder, zu sehen bekommt er sie nur noch selten. Seine Berufspraxis ist anders,als
er sie sich vorgestellt hat, und die ABF-Jahre bezeichnet er
rückschauend als die "lustigste Zeit" seines Lebens. Einmal
wirft Kant die Frage auf, ob Filter wohl glücklich sein könne,
aber er gibt keine definitive Antwort.Fest steht nur, dass Filter höchste Anerkennung verdient. - Die sentimentalische Rückschau macht deutlich, dass das ungebrochene Lebensgefühl der
Pionierjahre entgültig der Vergangenheit angehört.Die Gegenwart:
Pflichterfüllung und Stolz auf das Erreichte; ansonsten rettet
sich Iswall mit beissender Ironie über die Langeweile hinweg.

Robert Iswall, der ehemalige Elektriker, ist aufgestiegen in die
 Schicht der Intellektuellen;einer von vielen in der DDR, insofern nicht untypisch für diese ausgeprägte Leistungsgesellschaft,
in der der Aufstieg - zumindest theoretisch - jedem Tüchtigen
offensteht. Während jedoch der individuelle Aufstieg ehemaliger
Arbeiter von der Gesellschaft gefördert wird, gibt es - allen
ideologischen Beteuerungen zum Trotz - keinen kollektiven Aufstieg der ange blich führenden Klasse in der DDR. Der Abstand
zwischen Kopf- und Handarbeit existiert weiter; die Formel"mit-
planen, mitleiten,mitregieren" verschleiert nur, dass die eigentlich dispositive Arbeit das Privileg der Intelligenz ist,
jener "Zwischenschicht", die als "Verbündete der Arbeiter- und
Bauernklasse" gilt, deren Funktion aber nicht genau definiert

ist.[1]

Auch David Groth, der Held von Kants "Impressum", ist vom Handwerker zum Journalisten, also zum Intellektuellen, avanciert.
Hier werden die Probleme, die Kant im ersten Roman nur streifte,
sehr viel ausführlicher zur Sprache gebracht. Wiederum handelt
es sich um einen Rückblicksroman: David Groth steht vor seiner
Berufung zum Minister - Grund genug, um über sein Leben nachzu-
denken. Wiederum sind es Geschichten aus den harten Aufbaujahren,
die im Mittelpunkt stehen. In einem Interview wurde Kant darauf
angesprochen, dass in diesem Roman die Vergangenheit so sehr über
die Gegenwart dominiere:

"Bei der Lektüre ergab sich aber für mich die Frage, ob nicht
bei der Sammlung von Geschichten die Zeit zu kurz gekommen ist,
die unmittelbar vor dem Erzähldatum liegt. Im Jahrzehnt davor
gab es sehr viele und konfliktreiche Ereignisse in der Gesellschaft, die den David Groth ja nicht unberührt gelassen haben
können. Da sie nicht genannt werden, erscheint gerade für diese
Zeit der Weg von Groth recht glatt."[2]

Kant hält diesen Einwand für berechtigt; er verweist lediglich
darauf, dass weiter zurückliegende Ereignisse in ihrer Tragweite begreifbarer seien als unmittelbar zurückliegende. Diese
seien - zumindest für ihn als Schriftsteller - nicht genügend
"ausgereift"[3]. Die Folge seiner Zurückhaltung in puncto
Gegenwartsfragen ist das noch viel deutlichere Übergewicht der
eingefügten Episoden, die den Roman fast in einen Zyklus von
Einzelerzählungen aufzulösen drohen.[4] Erzähltechnisch wird die

1) Vgl. DDR-Handbuch, hrsg. vom Bundesministerium für inner-
   deutsche Beziehungen, Köln 1975, S. 431
   (Art. "Intelligenz").
2) "Auskünfte", a.a.O., S. 308.
3) Ebenda.
4) Ähnliche Bedenken meldet auch die Literaturkritik der DDR an:
   "Es ist kritisch zu bedenken, ob es gelungen ist, in der
   Groth-Figur das Ganze dieser Persönlichkeit zu erfassen. ...
   Haben wir wirklich das Bild einer ganzen, runden, lebendigen
   Persönlichkeit vor uns - oder nicht vielmehr eine in Episoden-
   Erzählungen glänzend addierte Summe von persönlichen Beziehun-
   gen zu einem Ganzen? Solche kritische Bedenken kommen wahr-
   scheinlich deswegen auf, weil [...] dem David Groth auf der
   'Gegenwartsebene' seiner Rechenschaft über sich selbst kaum
   Handlungsspielraum individueller Bewährung und geistiger

Einheit nur durch das Bewusstsein des reflektierenden David
Groth gewährleistet. Aber der Chefredakteur verblasst neben
dem ehemaligen Büchsenmachergehilfen und Botenjungen. Am Schluss
steht fest: Groth wird sich der Berufung nicht widersetzen. Die
Dynamik, die ihn bis hierher getragen hat, würde unglaubhaft,
wenn nun plötzlich ein Stillstand einträte. Groth muss dem Ge-
setz folgen, nach dem er angetreten ist. Trotz oder gerade wegen seiner menschlichen Schwächen muss er Minister werden.

Offensichtlich will Kant mit diesem Buch den Beweis erbringen,
dass in der DDR die Identität der Regierenden und der Regier-
ten gewährleistet ist. Der hohe Grad an sozialer Mobilität, der
die DDR-Gesellschaft auszeichnet, erlaubt es, dass ein einfacher
Mann aus dem Volk, intelligent und tüchtig, politisch engagiert,
aber kein Scharfmacher, kurzum ein nicht untypischer DDR-Bürger,
an die Spitze des Staates tritt. Damit wäre - zumindest tenden-
ziell - der alte Unterschied von "oben" und "unten" beseitigt:
"Wir werden von unsereins regiert."[1] Kant verschweigt nicht die
Kehrseite der Medaille, das Problem der Entfremdung, das im Falle
Jakob Filters nur gestreift worden war. In dem bereits zitierten
Interview gibt er zu Protokoll:

"Ich war, um es ganz deutlich zu sagen, des ausholende Geredes
über die Darstellung der Königsebene, die Gestaltung von Planern
und Leitern, etwas müde geworden, weil ich den Eindruck hatte,
dass man den gesellschaftlichen Fortschritt nicht nur darstellen
könne, indem man sozusagen literarisch an die Spitze der gesellschaftlichen Bewegung eile und die Spitzenreiter abschildere. Das
war mir doch ein wenig suspekt, und ich wollte zeigen, dass nicht
unbedingt ganz selbstverständlich Glücksgefühl ausbricht, wo einer an diese Spitze gerufen wird. Da gibt es doch Konflikte, die
bedacht sein wollen."2)

Das bezieht sich wohl nicht zuletzt auf die Probleme, die sich
aus Groths wachsender Distanz zur Basis und damit zur praktischen

---

1) Kant, a.a.O., S. 39.
2) Auskünfte, a.a.O., S. 291

Fussnote 4) von Seite 42
   Aktivität gegen ist, sondern fast nur die Möglichkeit zur
   Kontemplation." (Zur Theorie des Sozialistischen Realismus",
   a.a.O., S. 292.)

Arbeit ergeben und die sich im Ministeramt voraussichtlich po-
tenzieren werden. Von ihnen ist die Rede während eines Gesprächs
mit einem jungen Redakteur, beziehungsweise während eines Selbst-
gesprächs, das Groth gleichzeitig mit sich führt. Der junge
Redakteur, selbst sozialer Aufsteiger, hegt Zweifel über seine
Klassenzugehörigkeit als Intelligenzler:

"Wie ist das nun mit der Arbeiterklasse und unsereins? Ich hab
doch nicht deshalb studiert, damit es eines Tages heisst: Du
gehörst nicht mehr zur Arbeiterklasse. Natürlich hat sich etwas
geändert, aber so, dass einer einen Gegensatz daraus konstruieren kann? Nee, bin ich nicht der Meinung."[1]

Trotzdem hat er den Wunsch, wieder einmal unter Arbeitern zu
leben und den Aufbau eines Kraftwerks aus unmittelbarer Nähe,
als einer von ihnen, mitzuerleben und zu beschreiben. Wenn Groth
ihn mit schnoddrigen Worten abfertigt, so spürt er doch den
Stachel: Er selbst empfindet seine Routinearbeit keinesfalls als
reine Erfüllung:

"Meinst du, ich bin begeistert von mir, wenn ich mir melden
kann: Nun ja, es läuft, keine besonderen Vorkommnisse, auf Posten
nichts Neues? Das soll Glück sein, mein Glück: Die Maschine arbeitet, das Fliessband fliesst, keine Stockungen und keine Kata-
strophen?
Ich bin zufrieden, wenn es so geht, denn es ging nicht immer so,
und kein Höhenflug ohne Ordnung am Boden, aber Glück ist wohl
anders."[2]

Der ehemalige Handwerker leidet unter der fortgesetzten Trennung
von produktiver und dispositiver Arbeit, er leidet unter seiner
Schreibtischarbeit, die ihm nur erlaubt, Aufträge zu erteilen:
die "eigentliche" Arbeit verrichten die anderen. Und der Intellektuelle grübelt über sein Verhältnis zur Arbeiterklasse, der
er sich trotz aller Verbundenheit nicht mehr unmittelbar zugehö-
rig fühlt. Hier steckt wohl der Kern seiner Bedenken gegen eine

---

1) Kant, a.a.O., S. 393 f.
2) Kant, a.a.O., S. 403.

Fortsetzung seiner Karriere; er fürchtet offenbar, dass sie ihn
noch weiter der Basis entfremden könnte. Solange dieses Problem
nicht geklärt ist, kann er keine Entscheidung treffen.

Groth reflektiert über seine Tätigkeit als Chefredakteur. Er
ist bemüht, eine Zeitung zu machen, die den subjektiven und objektiven Interessen seiner Leser (in der Mehrzahl Arbeiter) entspricht. Gelingt ihm dies, dann bleibt seine Verbindung zur Arbeiterklasse gewahrt:

"Mach sie so, dass jeder deiner Leser ein bisschen klüger aus
deiner Zeitung kommt, als er hineingegangen ist. [...] Reiss
ihnen die Welt auf, beteilige sie an deren Rätseln, sprich ihnen immer wieder von ihrem Teil an deren Lösungen, füg einen
Buchstaben mehr in ihr Alphabet[...] und tu deinen Teil, dass
wir alle am Leben bleiben.
Mach deine Sache, wie sie ihre Sache machen. Mach deine Sache auf
deinem Platz, der jetzt, jetzt wenigstens, im Chefzimmer der
Neuen Berliner Rundschau ist. Da hast du[...] deinen Kampfplatz,
Büchsenmacher, da schreibe und leite, plane und lehre, träume
und kämpfe du nur."1)

Er steht auf dem rechten Platz, auch wenn er nicht mehr unmittelbare Erfahrungen sammelt; auch seine dispositive Tätigkeit ist
ein Kampf für die gerechte Sache.

Groths Vorbilder sind Altkommunisten, bewährte Antifaschisten
mit Kampf- und KZ-Erfahrung. Ob Kutschen-Meyer, Schäfers oder
Xaver Frank, sie entsprechen alle demselben Typus: dem Proletarier, dem politische Weitsicht die "höhere" Bildung ersetzt;
originell, oft ein bisschen schrullig, aber gerade deshalb
sehr sympathisch; ohne jede Engstirnigkeit und jeden Bürokratismus. Von ihnen hat der ehemalige Büchsenmacher viel gelernt,
und auch der "Intellektuelle" Groth (immerhin hat er sechs Jahre Abendstudium hinter sich) kann sich von ihrer Weisheit noch
immer eine Scheibe abschneiden. Sie sind Genossen, und sie
verkehren gleichrangig mit der mächtigen, intelligenten und
einflussreichen Herausgeberin der Zeitung, Johanna Müntzer.

---

1) Kant, a.a.O., S. 418 f.

Johanna und die echten Proletarier verkörpern für Groth "die Partei". Es ist die Partei der Antifa-Periode unmittelbar nach Kriegsende, in die er damals eingetreten ist; noch nicht die der stalinistischen Ära.

Bei aller Härte in prinzipiellen Fragen haben sich diese Genossen ihre Menschlichkeit bewahrt.

Der Dogmatiker Herbert Bleck, der ein kurzes Gastspiel als Chefredakteur gibt, kehrt gegenüber Kutschen-Meyer den Intellektuellen heraus; damit wird deutlich, dass er fehl am Platze ist. Groth dagegen, Johannas Assistent und besonderer Schützling ("und hat an ihm von oben gar / die Gnade teilgenommen") erkennt, dass Arbeiterschaft und Intelligenz gemeinsam die Partei bilden und orientiert sich achtungsvoll am Vorbild der Altkommunisten.

An diesem Vorbild hält Groth (wie auch sein Autor) noch nach zwanzig Jahren fest, und darin liegt seine Stärke und Schwäche. Rückblickend denkt er darüber nach, was zwanzig Jahre bedeuten können:

"Wir klatschten Beifall, damals, als ich in die Partei eintrat, wenn es von einem hiess, er sei schon seit zwanzig Jahren dabei, denn wir wussten nun, diese Augen hatten Weimar vom Ettersberg aus gesehen oder Schanghai, als Tschiang noch drin hauste, hatten die Konsulatstreppen von Marseille gesehen und die Stellenbüros von New York und Schweizer Stacheldraht und leere Teller auf Mallorca und den Mohn im Jaramatal und den Rauch von Berlin hinter dem Rauch von Oranienburg und Stalingrad mit Sibirien im Rücken."
[...]
In meinen [scil. zwanzig Jahren Parteizugehörigkeit] ist es eigentlich nie um das Leben gegangen, nur immer um ein gerechteres, nützlicheres, ruhiges, friedliches, anständiges Leben. In meinem hat auch gezahlt werden müssen, aber die Löcher im Magen, wenn ich welche hätte, Gott behüte, kämen vom Kantinenfrass, vor allem vom ausgelassenen, weil gerade Umbruch war oder ein Rechenschaftsbericht nicht fertig oder ein Bild versaut oder die Mitarbeiter stur oder ein Chef noch sturer [...]"1)

1) Kant, a.a.O., S. 19 f.

Der Vergleich zeigt den Unterschied zwischen den "Mühen der Gebirge" und denen der "der Ebenen" (um mit Brecht zu reden). Groth,
der das Beispiel der altgedienten Kämpfer vor Augen hat, bemüht
sich um die Rechtfertigung seiner gänzlich unheroischen Tätigkeit; zu seinen "Anfechtungen" gehört nicht zuletzt der Wunsch,
als Guerillero à la Che Guevara nach Südamerika zu gehen. Aber
auch seine Arbeit ist Kampf für die gerechte Sache, wie er sich
immer wieder versichert. Daher die kriegerischen Vokabeln (Kampfplatz etc.), mit denen er von Schreibtischarbeit redet. Er möchte
den Geist von damals mit in die Gegenwart herüberretten. Und er
möchte die eigene Tätigkeit als kontinuierliche Weiterführung
des Kampfes von damals begreifen. Trotzdem lässt er seine Erinnerung lieber zurückschweifen in die Vergangenheit, als das Leben noch hart, aber abwechslungsreich war.

Groths Erinnerungen laufen nicht streng chronologisch, sondern
assoziativ, wenn auch keinesfalls als unwillkürlicher stream of
consciousness, eher im Stil eines lockeren Plaudertons, bei dem
man vom Hundertsten ins Tausendste kommt. Immerhin wird die Geschichte seiner Kindheit und Jugend fast lückenlos referiert,
desgleichen seine Anfangsjahre in der "Neuen Berliner Rundschau"
und der komplizierte Verlauf seiner Liebe zu Franziska. Dass beide am 17. Juni 1953, bei der Bekämpfung des Aufstands, endgültig
zusammenfinden, demonstriert die symbolische Gleichsetzung dieser Menschen mit der jungen Republik, die - aus parteioffiziel-
ler Sicht - an diesem Tag gleichfalls ihre Bewährungsprobe be-
stand. Danach wird Groths Lebenslauf lückenhaft, und die einzelnen Episoden lassen sich zeitlich auch nicht immer einordnen.
Die Kontroverse mit dem Dogmatiker Bleck dürfte in die fünfziger
Jahre fallen; Bleck wird jedoch nicht als politisches Problem
behandelt, sondern wegen seiner Weltfremdheit und Verblasenheit
der Lächerlichkeit preisgegeben. Der Dogmatiker verschwindet
rasch, und damit hat eine kurzfristige Verirrung ein Ende gefunden. Groths Bild der Partei wird dadurch keinesfalls beeinträch-
tigt.

Letztlich ist es auch die Partei, nämlich Kutschen-Meyer, der
den Ausschlag für Groths Entscheidung gibt, das Ministeramt zu

-48-

akzeptieren. Meyer hatte ihn belehrt, er solle nicht versuchen,
klüger zu sein als die Partei:

"Wenn ick dir einen Rat geben darf: Halte dich ruhig für schlau,
halte dich von mir aus sogar für schlauer als jeden anderen,
trotzdem das natürlich schon gefährlich ist, aber glaube nie,
du kannst gegen die zusammengelegte Schlauheit der anderen an-
kommen. Die Partei ist - wenn wir nun schon einmal über so etwas reden - in meinen Augen genau das: zusammengelegte Schlauheit."1)

Auf diese "zusammengelegte Schlauheit" will Groth sich stützen:
"Aber ich wurde auch ruhig, weil ich eine ungeheure Stärke sah,
denn was soll stärker sein als zusammengefasste Erfahrung?"2)

Der Genosse Groth, der seine eigene Entwicklung kritisch überdenkt
und schliesslich positiv bewertet, ist bereit, dorthin zu gehen,
wohin er gehen soll, im Dienst der guten Sache und im Bewusstsein, dass die "zusammengefasste Erfahrung" (Meyer nannte es
"zusammengelegte Schlauheit") der Partei hinter ihm steht.

Noch immer ist die Partei für ihn nichts weiter als die Gesamtheit aller individuellen Erfahrungen; Groth sieht sie weder als
moderne Massenorganisation noch als Machtinstrument. Da sie
"klüger" ist als alle Individuen, entzieht sie sich jeder Kritik
und muss apriori über jeden Zweifel erhaben sein. Sie ist eine
potenzierte Johanna Müntzer, ein ins Überlebensgrosse gesteiger-
ter Kutschen-Meyer, zu denen auch der arrivierte Chefredakteur
noch immer achtungsvoll aufblickt. Ihrer Einsicht kann er sich
nicht entziehen.

Er wird den Posten annehmen, wird voll guten Willens die auf-
steigende innere Leere bekämpfen und nur manchmal in nostalgische Erinnerungen verfallen. Die Unmittelbarkeit der Aktion
ist vorbei; die Spontaneität, die ihn in jungen Jahren auszeich-
nete, ist überflüssig geworden. Bezeichnenderweise wird nichts
über Groths künftigen Wirkungsbereich ausgesagt. Er selbst hat
keine Pläne, keinerlei Vorstellungen, was er als Minister tun

1) Kant, a.a.O., S. 377.
2) Kant, a.a.O., S. 528.

könnte. Durch diese Perspektivelosigkeit wird deutlich, dass die Dynamik, die hier zur Schau getragen wird, keinerlei Inhalt besitzt; es bleibt beim Leerlauf. Groth wird auch als Minister seine Pflicht erfüllen, er wird nach wie vor menschlich bleiben, er wird nicht unzufrieden sein - aber Glück ist anders.

4. Werner Steinberg: Pferdewechsel[1]

Bereits im Rahmen der Bitterfelder Literatur zeichnete sich
eine bestimmte Aufgabenzuweisung ab, die vor allem in den Jahren nach dem VII. Parteitag deutlicher akzentuiert wurde: Die
Literatur soll Konflikte modellhaft gestalten, die aus dem
Übergang ins technische Zeitalter erwachsen.[2] Der sozialtechnische Aspekt einer solchen Literatur ist evident: Sie könnte
zum einen breite Bevölkerungskreise auf diese neuesten Konflikte hinweisen, zum anderen psychologische Hilfestellung leisten
bei der Bewältigung zwischenmenschlicher Probleme, die sich aus
dem Kampf des "Alten" mit den "Neuen" ergeben.
Werner Steinbergs Roman erfüllt nicht nur diese Forderung, sondern trägt auch einem anderen Postulat Rechnung, nämlich dass
die "Königsebene" in die Gestaltung einzubeziehen sei.[3] Er
wählt als Helden einen ehemaligen Arbeiter, der dank seiner
Tüchtigkeit zum Betriebsdirektor eines mittelgrossen chemischen
Werks aufgestiegen ist. Die Verlagerung der Handlung auf die
Ebene des "Planers und Leiters" war bereits auf der II. Bitterfelder Konferenz (1964) als dringende Forderung erhoben worden,
die der VII. Parteitag (1967) dann wiederholt hatte: Im Mittelpunkt der sozialistischen Literatur solle der Mensch stehen,
der sein eigenes Schicksal bewusst gestaltet. Mit der Einführung
der "Königsebene" wurde die für die Anfangsjahre der Bitterfelder Bewegung typische "Sicht von unten" ersetzt durch die gesamtgesellschaftliche oder zumindest gesamtbetriebliche Perspektive. Die Helden des neuen Betriebsromans üben eine verantwortungsvolle Position aus. Ihre Anpassungsschwierigkeiten beim
Übergang ins technisch-wissenschaftliche Zeitalter sind daher
besonders relevant.
In seinem Roman "Pferdewechsel" schildert Werner Steinberg den
Abstieg und Fall des Betriebsdirektors Peter Legion, der den
neuen Anforderungen nicht mehr gewachsen ist und deshalb 1969,

---

1) Werner Steinberg: Pferdewechsel, Halle/Saale 1974.
2) Vgl. dazu Pracht/Neubert, a.a.O., S. 175 ff.
3) Vgl. dazu Pracht/Neubert, a.a.O., S. 190.

als Sechzigjähriger, nach 16 Jahren erfolgreicher Leitungstä-
tigkeit, in den vorzeitigen Ruhestand geschickt wird. Dass ein
Konflikt nicht nur ein Scheinkonflikt sein dürfe, sondern dass
auf beiden Seiten echte Werte in die Waagschale geworfen werden
müssen, wird von der Literaturtheorie nachdrücklich betont.[1]
Es soll kein Schwarz-Weiss-Gemälde entworfen werden: der Unter-
liegende ist nicht der Gegner, der vernichtet werden muss; seine "Schuld" besteht lediglich darin, dass er nicht auf der Höhe
der Zeit steht. Dennoch kann der zum Unterliegen Verurteilte
ein Prinzip verkörpern, dessen Untergang eine Lücke hinter-
lässt, die sich nicht ohne weiteres schliessen wird. Das Neue
muss deshalb versuchen, diese Momente im Hegelschen Sinne "auf-
zuheben", um in modifizierter Form ihren Fortbestand zu sichern.
Nach diesem dialektischen Dreischritt verfährt Steinbergs Roman: Er schildert nicht nur den Sieg von Wissenschaft und
Technik über die "handgestrickten" Methoden aus der Pionierzeit; er beschreibt auch, wie nach Legions Weggang die neue
Betriebsdirektorin alle diejenigen menschlichen Eigenschaften
vermissen lässt, die Legion in reichem Masse besass. In einer
schwierigen Situation kann sie nicht auf Legions Hilfe verzichten, und so finden beide zum Wohl des Werks schliesslich
zusammen.
Legions positive Seiten werden ausführlich geschildert, vor
allem seine Verbundenheit mit den Arbeitern und seine phanta-
sievolle Improvisationsgabe:

"Er dachte mit ihren Hirnen, er fühlte mit ihren Herzen, er
sprach ihre Sprache; aber das allein war es nicht, womit er sich
das Vertrauen erwarb; er roch die Pannen, den Rohrbruch, die
Überhitzung, die stockende Destillation, Gefährdungen zogen
ihn an wie ein Magnet, da war er zur Stelle, er hätte selbst
nicht zu sagen gewusst, wie das geschah, und dann bewährten sich
sein sicherer Blick, sein sicherer Griff; er redete kaum,
starrte nur auf das Leck, hörte die Ratschläge und liess da ein
Ventil einbauen, dort eine Rohrleitung heranlegen, oft sah das
unschön aus, Flickwerk, und der Technische verzog missbilligend
den Mund und stöhnte leise, aber die Produktion lief, und ir-
gendwer sagte bewundernd: Der Alte hat goldene Hände."[2]

1) Pracht/Neubert, a.a.O., S. 198.
2) Steinberg, a.a.O., S. 7.

- 52 -

Diese Laudatio ist jedoch eingebettet in den Rahmen einer gross-
angelegten Retrospektive, in der die Ursachen für Legions erzwungenen Abgang analysiert werden. Insofern zählt auch dieses
Buch zu den Rückschauromanen, die die historische Entwicklung
von den schweren Anfangsjahren der Republik bis hin zur Gegenwart zu umfassen suchen. Legion gehört zur Pioniergeneration,
die unter schwierigsten Umständen zum industriellen Aufschwung
der DDR beigetragen hat. Nicht ungern erinnert er sich der
"Heldentaten" von damals, zu deren Gelingen ebensoviel Mut wie
Glück gehörte.
Der allwissende Erzähler fügt freilich gleich die Versäumnisse
hinzu, die Legion nicht in seinem Gedächtnis registriert hat,
die aber in unerbittlicher Konsequenz seinen Sturz herbeiführ-
ren. Der Leser konstatiert: Es sind dieselben Bravourstück-
chen, die anfangs unter Missachtung aller Sicherheitsvorschrif-
ten zum Aufbau des Werks beitrugen, die aber in einer späteren
Phase, unter veränderten Bedingungen, als sträflicher Leicht-
sinn und als Gefährdung von Menschenleben betrachtet werden
müssen. Wer die alten Zeiten heraufbeschwört - und Legion findet manchen alten Kollegen, der voll Begeisterung noch einmal
eine "Heldentat" riskiert -, der erweist sich als ungeeignet
für das Computer-Zeitalter. Die Männer und die Methoden der
Pionierzeit haben ausgedient. Spontaneität ist nicht mehr gefragt: die Revolutionäre von heute lesen wissenschaftliche
Zeitschriften und fertigen langfristige Prognosen an. Ihre
Leidenschaft heisst Exaktheit. Und während die Sympathie des
Lesers anfangs noch eindeutig der impulsiven Vollblutnatur Legion gehörte, neigt sich die Waagschale mehr und mehr zugunsten der "Schreibtischmenschen", die nicht nur improvisieren,
sondern für die Zukunft planen.
Bezeichnenderweise ist es der Parteisekretär Söllerchen, der
als erster die Notwendigkeit einer Veränderung erkennt. Der
alte Kampfgefährte aus schweren Zeiten, der Not und Verfolgung
am eigenen Leib erfahren hat, erklärt Legion klipp und klar:

"Die Kumpel verstehen mich, und wo im Betrieb Kraft und Reserven stecken, das spüre ich auf [...]. Doch der Weitblick fehlt mir. Ich habe die gleichen Stärken wie du und die gleichen Schwächen[...] ."1)

Und über die nachfolgende Generation, die "mit dem Computer auf du und du" steht, urteilt er:

"Was wir am eigenen Leibe erlebten, die zwanziger Jahre, den Faschismus, den Krieg, das ist für sie nur Historie; wir haben keine Hungerzeit mehr, also sind sie anspruchsvoller als wir, sie wollen sich etwas leisten, aber sie wollen auch etwas leisten, und wenn wir das nicht begreifen, dann hindern wir sie daran und machen sie böse."2)

Von diesen Einsichten ist Legion noch weit entfernt, und er versteht auch nicht Söllerchens Bemerkung, dass für die Alten die Zukunft stets eine Vision war, während sie heute mit dem Computer berechnet wird.3)

Diese Zukunft tritt an Legion heran als Forderung nach qualitativer Verbesserung eines Produkts, und da das Werk darauf nicht eingerichtet ist, bleibt es auf seinen Erzeugnissen sitzen. Die Halden wachsen, und die Prämien für die Belegschaft sinken, so dass Unzufriedenheit entsteht. Von der Partei kommt die Weisung, Legion abzulösen. Verbittert zieht er sich in den Ruhestand zurück, unfähig zu erkennen, dass er die Niederlage sich selbst zuzuschreiben hat, nämlich seine Weigerung, grössere Summen in einen Forschungsauftrag zu investieren, der dazu hätte dienen sollen, das beanstandete Carbonat rechtzeitig zu verbessern.4)

---

1) Steinberg, a.a.O., S. 195.
2) Steinberg, a.a.O., S. 200.
3) Vgl. Steinberg, a.a.O., S. 201.
4) Hier werden spezielle ökonomische Probleme der späten 60er Jahre thematisiert: Die Vernachlässigung der langfristigen Grundlagenforschung zugunsten derjenigen Forschung, die sich unmittelbar in Produktion umsetzen lässt, ist symptomatisch für das kurzfristige Effektivitätsdenken dieser Zeit. (Vgl. dazu P.Chr.Ludz: Deutschlands doppelte Zukunft. München 1974, S. 87 f.)

Seine Nachfolgerin, eine Angehörige der "Computer-Generation",
trägt nichts dazu bei, die Demütigung des vorzeitigen Ruhestands
zu verkleinern. Die Massnahmen, die sie einleitet, stellen in
allem das Gegenteil von dem vor, was unter Legion üblich gewesen war.
Der Fortschritt, um dessen Durchsetzung es hier geht, nähme jedoch allzu technokratische Züge an, wenn es bei diesem Ende geblieben wäre. Steinberg, offensichtlich um ein konstruktives
Modell zur Bewältigung derartiger Konflikte bemüht, bietet eine
Synthese an, welche die Vorzüge der Alten mit denen des Neuen
verbinden soll: Die Direktorin muss erkennen, dass sie sich zu
wenig um die Menschen im Betrieb gekümmert hat. Ohne die tat-
kräftige Hilfe Legions wäre sie ratlos. Wiederum kommt der entscheidende Hinweis von der Parteileitung, die als korrigierende
und anleitende Instanz erscheint. Die Direktorin gesteht ein,
dass sie sich nicht nur hinter ihrem Schreibtisch verschanzen
darf, sondern zu den Menschen gehen muss. Der Leser wird mit der
Gewissheit entlassen, dass zumindest in diesem Chemiewerk der
Fortschritt nicht sein menschliches Gesicht verlieren wird.

Legions Abgang wird nun keine dauernde Lücke hinterlassen; es
ist nur ein "Pferdewechsel", wie der Titel zu verstehen gibt;
die notwendige Kontinuität wird, bei aller Veränderung, gewahrt
bleiben. Steinbergs Buch will offensichtlich die Generationen
zusammenführen. Einerseits demonstriert es die Notwendigkeit,
sich an den Fortschritt anzupassen; andererseits wirbt er um
Verständnis für eine Generation, die - wie Legion - unter
ungleich schwierigeren Bedingungen leben und arbeiten musste
und deren Schwächen aus ihrem Werdegang zu erklären sind. (So,
wenn Legion bedauert, dass er niemals Englisch gelernt hat -
aber wann hätte er es lernen sollen?) Darüber hinaus zeigt
Steinberg, dass trotz des veränderten äusseren Anscheins die
"Computer-Generation" nicht weniger leidenschaftlich und engagiert handelt wie die "Männer der ersten Stunde": Denn es ist
die gleiche Sache, für die die Alten wie die Jungen kämpfen -
der Aufbau einer sozialistischen Gesellschaft.

Steinberg erzählt die Geschichte eines Betriebes und seines
Direktors, der, bildlich gesprochen, das Herz dieses Betriebes ist. Eine in sich abgeschlossene Welt: Die Stadt "Muldau"
wird mit einbezogen, soweit sie von den Problemen des Werks
tangiert wird. Darüber hinaus reichen nur die ökonomischen
Verflechtungen: zum "General" (der VVB) einerseits und zu den
Abnehmern der Produkte. Von diesen wenigen Aussenverflechtungen
kommen die entscheidenden Impulse, die zu Legions Abgang führen. Aber sie erscheinen als ein Eingriff in den geschlossenen
Organismus des Chemiewerks. Lukács' Forderung nach epischer
Totalität wird hier soweit wie möglich erfüllt: Die an Vorbildern des bürgerlichen Realismus orientierte Erzählweise rückt
das Chemiewerk samt seinem Direktor in die Nähe der Idylle, in
die nur ab und zu von aussen ein schriller Misston dringt: wenn
nämlich die Diskrepanz zwischen dem Leben im Chemiewerk und
dem draussen zu gross geworden ist. Dass diese Abgeschlossenheit
der tatsächlichen ökonomischen Struktur der DDR entspricht,
darf bezweifelt werden.
Berichtet wird von einem auktorialen Erzähler, der den Lesern
die Gedanken und Gefühle seiner Helden beliebig präsentiert
und der - dank seiner Allwissenheit - dem Leser auch stets die
entsprechenden Kommentare geben kann:

"Alles ist friedlich und ungestört, ein guter Tag ist vergan-
gen; Legion ahnt nicht, dass die Glocke, die seine letzten
Stunden anzeigt, zum ersten Mal angeschlagen hat." 1)

Erzählt wird weitgehend aus der Retrospektive, Schritt um
Schritt wird die Entwicklung vorgeführt, man erfährt, wie ein
Glied ins andere greift und welche Konsequenzen jede von Le-
gions Taten oder Unterlassungen hat. Dem Begriff der epischen
Totalität wird somit auch in puncto Vollständigkeit Genüge ge-
tan.

---

1) Steinberg, a.a.O., S. 54.

Im ruhigen Fluss vollzieht sich dieser Bericht. Der Autor bevorzugt die Parataxe, die gemächlich Satz an Satz reiht. Details werden liebevoll, oft zu pedantisch ausgemalt, und mit
schmückenden Adjektiven geht Steinberg keinesfalls sparsam um:

"Schräg und lang wirft die zeitige Sonne dunklere Schatten auf
den klebrigen Weg."

Ein Buch, das dem Leser die Lektüre leichtmachen will, indem
es an den überlieferten Publikumsgeschmack anknüpft. Ein les-
bares Buch, für das Steinberg ein breites Publikum erhoffen
darf; ein Buch, das zwar manchmal langatmig, aber nie langwei-
lig wird.
Ein solides Erzählwerk im Geist des 19. Jahrhunderts, wobei zu
fragen ist, ob die komplizierte Thematik nicht eine andere Erzählweise verlangt hätte. Die sozialistische Kernthese, dass
der Mensch stets im Mittelpunkt des Geschehens stehe, führt
hier zu einer vorschnellen Reduktion der Handlung auf menschliche Probleme; die Auseinandersetzung mit dem wissenschaftlich-technischen Zeitalter reduziert sich bei genauer Betrachtung auf eine Frage des guten Willens und der Einsicht aller
Beteiligten.

5. John Erpenbeck: Alleingang[1]

Die wissenschaftlich-technische Revolution lebt vom beständigen Fortschritt der "Produktivkraft Wissenschaft". Daher gilt der Forschung das besondere Interesse der politisch Verantwortlichen in der DDR. Schon im Parteiprogramm der SED von 1963 wurde

"auf die Notwendigkeit hingewiesen, die Forschung, besonders die technisch-naturwissenschaftliche und die wirtschaftswissenschaftliche Forschung, einheitlich zu leiten, um die Zersplitterung und die isolierte Behandlung wichtiger Forschungsthemen zu beseitigen."[2]

Auf dem VII. Parteitag 1967 wurde dieses Postulat erneuert und nachdrücklich gefordert, die Wissenschaft ökonomisch effektiv werden zu lassen. Verstärkte forschungspolitische Aktivitäten waren die Konsequenzen.

"Die Akademie der Wissenschaften entwickelte sich im Zuge der Akademiereform aus einer Gelehrtengesellschaft mit zugeordneten Forschungseinrichtungen zu einer 'Forschungsgemeinschaft', die eng mit den Erfordernissen des sozialistischen Gesellschaftssystems verbunden sein soll."[3]

Das Leitungs- und Kontrollsystem wurde organisatorisch gestrafft; man erstrebte eine Angleichung an die Planungs- und Leitungsstrukturen in der Produktion. Besonderes Schwergewicht wurde auf die angewandten Wissenschaften gelegt, so dass die Grundlagenforschung in den Hintergrund treten musste. Der Hauptakzent lag auf der wissenschaftlichen Durchdringung der Produktion und der Entwicklung kostensparender Technologien.
Zum Zeitpunkt des VIII. Parteitages trat das Defizit der Grundlagenforschung deutlich zutage, und der wissenschaftlich-technische Fortschritt in der DDR schien gefährdet.
Die Folge war eine Kurskorrektur der Forschungspolitik: Neben die angewandte Forschung tritt seither wieder gleichberechtigt

---

1) John Erpenbeck: Alleingang. Halle(Saale) (1973).
2) DDR-Handbuch, a.a.O., S. 321 (Artikel "Forschung")
3) DDR-Handbuch, a.a.O., S. 323 (Artikel "Forschung")

die Grundlagenforschung. Diese Politik des "Sowohl-als-auch"
schafft hinsichtlich der Setzung von Prioritäten manche Schwierigkeiten, da einerseits langfristige Grundlagenforschung betrie-
ben werden soll, andererseits aber auch eine Forschung, die unter
kurz- oder mittelfristigem Aspekt Zwischenergebnisse für die
laufende Produktion bringt. Klare Prinzipien scheinen zu fehlen; sie zu erteilen, erscheint den politisch Verantwortlichen
angesichts des labilen Gleichgewichtszustandes offensichtlich
nicht für opportun.[1)]

Diese in sich nicht stringente, letztlich nur am Kriterium der
Effektivität orientierte Wissenschafts- und Forschungspolitik
findet ihren literarischen Niederschlag in John Erpenbecks er-
stem Roman "Alleingang" (erschienen 1973). Der Autor, selbst
promovierter Physiker, stellt am Beispiel einer - vielleicht
teilweise autobiographischen - Episode die wechselvolle Entwicklung nach dem VII. Parteitag dar. Im Mittelpunkt steht
Frank Holstenbrock, ein erfolgreicher junger Physiker, der im
"Institut für Wasserforschung" in einer kleinen Universitätsstadt die auf Koordination der Forschung hinauslaufenden Partei-
tagsbeschlüsse zu verwirklichen sucht. Statt zahlloser individueller Spezialthemen sollen am Institut zentrale Forschungs-
projekte bearbeitet werden, deren Ergebnisse unmittelbaren
Nutzen für die Produktion erbringen. Dabei wird er von der Par-
teigruppe am Institut, der verschiedene Ressortleiter angehö-
ren, tatkräftig unterstützt. Doch stösst er auf erbitterten
Widerstand des Institutsdirektors Professor Berger, der nicht
an die "Kollektivierung des Erkenntnisprozesses"[2)] glaubt
und der "Management anstelle von Leistung"[3)]befürchtet. Wenn
auch Berger - trotz seiner bürgerlichen Herkunft - in der Vergangenheit stets die Sache des Sozialismus unterstützt und
während des Zweiten Weltkriegs in der Sowjetunion beachtliche
Erfolge erzielt hat, so hält er doch an seinen traditionellen
Vorstellungen von individuellem Schöpfertum fest: "In einem

1) Vgl. den Artikel "Forschung" im DDR-Handbuch (S. 316ff.)
2) Erpenbeck, a.a.O., S. 90.
3) Erpenbeck, a.a.O., S. 91.

einzelnen Hirn wächst die neue Idee, der grosse Gedanke!"[1]
Selbst die Intervention seines langjährigen Freundes, des
stellvertretenden Ministers für chemische Grundlagenforschung,
Rüdiger Worcinsky, kann ihn nicht umstimmen. Es kommt zum offenen Konflikt zwischen ihm und Holstenbrock, in dessen Verlauf sich Berger durch persönliche Schikanen gegenüber seinen
Untergebenen menschlich disqualifiziert. In einer Kampfabstimmung bei den Institutsangehörigen unterliegt er, tritt vor-
zeitig in den Ruhestand und räumt Frank den Direktorsessel.

Kennzeichnend für Frank ist die gefühlsmässige Ambivalenz,
mit der er der Parteiforderung nach Aufgabeteilung und ver-
stärkter Spezialisierung gegenübersteht. Sein Entschluss, an
diesem kleinen Institut zu arbeiten, war nicht zuletzt gelei-
tet worden von der Hoffnung, der sich für ihn abzeichnenden
wissenschaftlichen Einbahnstrasse zu entrinnen und seinen
Traum von Weite und Universalität der Forschung zu verwirklichen.[2] Beim ersten Zusammentreffen mit Berger spricht er
von der Erfahrung der "Unvollkommenheiten, Unvollständigkei-
ten"[3], die seiner Meinung nach gerade die Forschungslage in
der Physik kennzeichnen; er erwähnt zugleich den als fast
lästig empfundenen Zwang zur akribischen Detailarbeit, zur
immer stärkeren Spezialisierung: "Tief, ohne weit, präzis,
ohne vielfältig zu denken, dahin gelangt man."[4] - Berger,
der daraufhin in ihm einen Verbündeten im Kampf gegen das
"hochgezüchtete Spezialistentum, das phantasiearm fleissige
Streben im winzigen Detail"[5] erblickt, sieht sich getäuscht,
als er erkennen muss, dass Holstenbrock auf die Parteilinie
eingeschwenkt ist. Als Institutsleiter macht Holstenbrock dann
selbst die Erfahrung, dass zermürbende Organisationsarbeit
bei der Neustrukturierung des Instituts gemäss den Parteitagsbeschlüssen ihn an eigener produktiver Forschung hindert.

---

1) Erpenbeck, a.a.O., S. 90.
2) Vgl. Erpenbeck, S. 14.
3) Erpenbeck, a.a.O., S. 26.
4) Ibid.
5) Erpenbeck, a.a.O., S. 27.

Die Relationen kehren sich um: Während Holstenbrock im Kampf
gegen Berger und seinen zur Verzettelung führenden Individualismus beachtliche Forschungsergebnisse erzielte, macht jetzt
Berger in seinem kleinen Privatlabor, das man ihm konzediert
hat, eine geniale Entdeckung, die ihn mit einem Schlag an die
Spitze der internationalen Forschung rückt. Und während er,
in seiner fast isolierten Position, die Sympathien seiner Mitarbeiter zu gewinnen versteht, verliert Frank, teils durch Un-
geschicklichkeit, teils durch undemokratische Allüren, bei
allen Mitarbeitern an Sympathie. Als untrügliches Indiz dafür,
dass seine Waagschale sich abwärts neigt, gilt die Tatsache,
dass sogar seine Geliebte Mathilde sich von ihm abwendet.
Seinetwegen hatte sie sich von ihrem Mann, ebenfalls einen
Institutsangehörigen, getrennt, und zwar in der Nacht, in der
Frank seine erste, aufsehenerregende Entdeckung gemacht hatte. Die gemeinsame Arbeit hatte die beiden zusammengeführt;
nun arbeitet Mathilde für Berger, und ihre aufrichtige Freude
über dessen Erfolg wird zum auslösenden Moment für ihre Trennung von Frank.
Bergers Entdeckung veranlasst den Minister Worcinsky zur Revision der offiziellen Forschungspolitik. Worcinsky erkennt, dass
individuell-schöpferisches Denken seinen Platz auch innerhalb
der neuen Organisationsstruktur behalten muss:

"Wir müssen endlich wegkommen von diesem Alles-oder-Nichts-
Denken! Wir sollen jede Möglichkeit differenziert und vorsichtig verfolgen, ihre Anwendbarkeit und ihre Grenzen bestimmen,
bevor wir urteilen."1)

Holstenbrock selbst, nachdem seine Position im Institut durch
Bergers Entdeckung geschwächt und er zudem durch den Verlust
Mathildes empfindlich getroffen wurde, zieht die Flucht nach
vorne vor: Er lässt sich nach Berlin, an die Akademie der
Wissenschaften, versetzen. Seine Karriere geht weiter, aber
zunächst bringt ihm - als Folge seiner Überanstrengung- ein
Krankenhausaufenthalt die notwendige Zäsur. Der Zufall will

---

1) Erpenbeck, a.a.O., S. 338.

es, dass Berger sich zur gleichen Zeit im gleichen Krankenhaus
aufhält; so findet die Versöhnung der einstigen Gegner statt,
die nun gelernt haben, einander in ihrer unterschiedlichen
Auffassung zu respektieren.

Erpenbeck hat in diesem Roman einen typischen Konfliktfall mit
beispielhafter Lösung beschrieben; am "Aufstieg" und "Fall"
des Frank Holstenbrock demonstriert er die Begrenztheit der
nach dem VII. Parteitag propagierten Forschungspolitik. "Im
Recht" befindet sich Frank, solange er gegen den ineffektiven Forschungsindivudualismus Bergers angeht, durch den Arbeitskraft und Mittel unnötig verzettelt werden. Die Koordination der Forschung, die er erstrebt, ist sinnvoll und zu-
kunftweisend. Weshalb setzt er sich trotzdem "ins Unrecht"?
- Zweifel kommen ihm bereits bei der Kampfabstimmung, die Bergers Rücktritt herbeiführt. Später macht er sich Vorwürfe,
dass er dem alten Mann diesen deprimierenden Abgang nicht erspart hat. Zu erwähnen ist weiterhin, dass auch Berger im Verlauf dieser Auseinandersetzung zum ersten Mal an der absoluten
Richtigkeit seiner Methode zweifelt, aber er ist nicht mehr
flexibel genug, von der einmal eingeschlagenen Richtung abzu-
weichen. So wird Bergers Niederlage der Beginn einer Entwicklung, die ihn am Schluss sagen lässt, Frank sei derjenige
Schüler, von dem er selbst am meisten gelernt habe.

Umgekehrt verwandelt sich für Frank der Erfolg in einen Pyrrhus-
sieg: Er kann nicht froh werden über seinen neuen Posten, da
ihm der Vorwurf des Karrierismus anhaftet. Da er unsicher und
demzufolge autoritär in seinem Verhalten geworden ist, ver-
sagt sich ihm die bisher erfolgreiche Möglichkeit der Kooperation mit anderen Kollegen. Selbst der Zufall, der bisher
eine nicht zu unterschätzende Rolle in seiner Forschung gespielt hatte, wird ihm nun untreu und verhilft Berger zu einer
unverhofften Inspiration. ... Das Zerwürfnis mit Mathilde
und schliesslich die schwere Erkrankung sind weitere "Winke
des Schicksals", die ihm die Notwendigkeit einer Kurskorrektur signalisieren.

Aber was hat er denn anderes getan, als den Willen der Partei
in die Tat umzusetzen? Weshalb muss er trotzdem umdenken? -

Sicherlich begeht er Fehler aus menschlicher Schwäche, aber diese sind (wie zuvor Bergers Fehlverhalten) ein Indiz für einen Kardinalfehler politischer Natur: Er ist über das Ziel hinausgeschossen und hat sozusagen das Kind mit dem Bade ausgeschüttet. Wenn er es auch im Namen und mit Zustimmung der Partei getan hat, trifft die Schuld doch auch ihn selbst.

"Es war eine Zeit übergrossen Organisierens ausgebrochen, und diese Zeit packte jeden mit spitzen Terminkrallen und walkte ihn in grossen Runderneuerungsmühlen",[1] so wird die Phase nach dem VII. Parteitag beschrieben, und die Formulierung lässt latente Kritik des Autors an dieser Neuerungssucht erkennen, wobei das Ereignis selbst gleichsam als Naturkatastrophe ("ausgebrochen") dargestellt wird - ohne einen, der dafür verantwortlich wäre. Nur sehr indirekt spricht der Autor von einem Fehler der Partei. Er verschweigt auch, dass die "Kurskorrektur", das Einschwenken auf eine "mittlere" Linie des Sowohl-als-auch, das Werk des nächsten Parteitags (1971) und mit dem Übergang zur "Ära Honecker" verknüpft war. Statt dessen muss die Vaterfigur des Ministers Worcinsky herhalten: Spontan, auf Grund eines einzigen Briefes von Berger ("drei Blätter gewichtigen Büttenpapiers")[2] erkennt er die Folgen seiner bisherigen Forschungspolitik und empfiehlt seinen verblüfften Zuhörern, in Zukunft alle Forschungsmethoden zu tolerieren, sofern sie nur Erfolg verheissen.

Erpenbecks Buch ist ein Thesenroman, der die Handlung oft mit langatmigen Reflexionen zudeckt. Zwar wird die Individualität der agierenden Personen nicht so sehr ins Typische stilisiert wie in Neutschs "Gatt", aber auf den Protagonisten lastet das Gewicht wissenschaftspolitischen Positionen, für deren "Richtigkeit" sie mit ihrer Existenz (und das heisst primär: mit ihrer moralischen Integrität) zu bürgen haben. - Diese "Personifizierung" politischer Probleme verhindert aber auch die sachgerechte Erörterung. Das bereits skizzierte Dilemma Holstenbrocks, Drang zur Universalität kontra Zwang zum Spezialismus,

---

1) Erpenbeck, a.a.O., S. 333.
2) Erpenbeck, a.a.O., S. 336.

bleibt These; eine wissenschaftstheoretische Analyse findet nicht
statt. Die "pluralistische" Lösung am Schluss ist reiner
Pragmatismus: Nur das Kriterium der Effektivität wird als relevant betrachtet. Dabei wäre es dem Autor ein Leichtes gewesen, die Stringenz dieser Lösung anhand von Holstenbrocks
eigenen Erfahrungen zu demonstrieren: Jede seiner bisherigen
experimentellen Forschungsarbeiten hatte ihm - neben vertief-
tem Detailwissen - zur Einsicht in theoretische Zusammenhänge
verholfen, aus der wiederum ein besseres Verständnis der Ex-
perimentalphysik resultierte.[1] Diese fruchtbare Wechselwirkung hätte als Modell einer künftigen Synthese herangezogen
werden können; mit seiner Hilfe hätte die theoretische und
praktische Überlegenheit einer Konzeption dargelegt werden
können, die den ineffektiven Individualismus und den starren
Zentralismus überwindet.
Freilich hätte eine derartige Verbindung von "Universalität"
und "Spezialisierung" (die zugleich die Wechselwirkung von
Grundlagenforschung und angewandter Physik beinhaltet hätte)
eine ganz andere Forschungsorganisation erforderlich gemacht
als diejenige, die auf Beschluss des VII. Parteitags nun insti-
tutionalisiert wird. Diese vollzieht nur den Schritt ins
technologische Zeitalter: Sie beseitigt, was an Resten
bürgerlicher "Allgemeinbildung" noch vorhanden war, und setzt
statt dessen die strikte Arbeitsteilung, die keineswegs als
Errungenschaft des Sozialismus gelten darf, sondern ihr Pen-
dant in der Forschung westlicher Industriestaaten besitzt.
Kennzeichnend für die Forschungspolitik der "Ära Ulbricht"
war allerdings die Forcierung der angewandten Wissenschaften,
was zur Vernachlässigung der Grundlagenforschung führte. Erpenbeck, der Grundlagenforschung mit "Universalität" quasi gleich-
setzt, lässt seinen Professor Berger eine Entdeckung auf dem
Gebiet der Grundlagenforschung machen, durch die Holstenbrocks
vorherige Entdeckungen erst ihre Erklärung finden; er akzentuiert dadurch die Wichtigkeit der Grundlagenforschung. Umgekehrt ist es Holstenbrock, der dem Professor einen Hinweis

---

1) Vgl. Erpenbeck, a.a.O., S. 28 f.

für die praktische Verwertbarkeit seiner Entdeckung gibt - mit
dem Resultat, dass zum ersten Mal Berger eine ökonomisch ver-
wertbare Idee ans Tageslicht gefördert hat.[1]

Erpenbeck bemüht sich, wie erwähnt, nicht um eine Klärung des
Problems, wie Theorie und Praxis, Grundlagenforschung und angewandte Physik, "Universalität" und Spezialistentum, miteinander zu verknüpfen wären im Rahmen einer völlig neuartigen
Forschungsstruktur. Er bleibt beim Sowohl- als-auch (denn das
Beispiel der geglückten Zusammenarbeit Berger-Holstenbrock
beruhte auf Zufall, nicht auf institutionalisierter Kooperation).
Er empfiehlt Geduld: "Was wir jetzt tun können? Warten ... warten, bis die Lösungen herangereift sind. Und dabei lernen."[2]

Diese Worte, dem Minister Worcinsky in den Mund gelegt,spie-
geln die Ratlosigkeit der politischen Führung wider, nachdem
die Wissenschaftseuphorie der späten 60er Jahre abgeklungen
war. Die "Produktivkraft Wissenschaft" hatte mehr Probleme aufgeworfen, als ursprünglich erwartet worden waren. Der optimistische Glaube an raschen Fortschritt war verblasst; der zuvor
so sicher scheinende Weg in die Zukunft liess sich nur mühsam
ertasten und erraten.

Unangezweifelt bleibt jedoch die führende Rolle der Partei: Ihr
Vertreter, der Minister Worcinsky, ist es, der als erster den
folgenschweren Irrtum erkennt und sofort den Revisionsprozess
einleitet. An Selbstkritik lässt er es nicht fehlen: dadurch
beweist er, dass er die Tragweite des Geschehens voll erfasst
hat. Wenn es auch die Partei war, die durch ihre Beschlüsse
die Fehlentwicklung auslöste - sie ist es gleichfalls, die
schleunigst für Abhilfe sorgt und die verbauten Wege wieder
ebnet. Erpenbeck hat ein heisses Eisen aufgegriffen: er beschreibt den Weg von der teilweise verfehlten Forschungspolitik
der "Ära Ulbricht" zu der Kurskorrektur der "Ära Honecker"; er
zeigt die Fehler auf, die begangen wurden, aber er setzt alles
daran, um das Vertrauen in die Partei wieder zu festigen. Gerade
die "Bescheidenheit" der pragmatischen Lösung am Schluss scheint
dazu geeignet, den Leser davon zu überzeugen, dass die Partei
nach bestem Wissen und Gewissen ihre Entscheidungen trifft und

1) Erpenbeck, a.a.O., S. 356.
2) Erpenbeck, a.a.O., S. 339.

jede vorschnelle Festlegung verhindert.

"Alleingang" ist in gewisser Weise als Entwicklungsroman zu
betrachten. Das Individuum Holstenbrock stösst sich - gemäss
Hegels ironischer Definition - an der Realität die Hörner ab
und lernt aus seinen Erfahrungen, dass blinder Eifer nur schaden
kann. Auch sein Gegenspieler nimmt in gewissem Umfang Einsichten auf. Das Aufeinanderprallen gegensätzlicher Meinungen wird
nicht zum tödlichen Antagonismus; vielmehr kann - unter Anleitung der Partei - die rettende Lösung gefunden werden.

Holstenbrock darf, wenn er die Phase extremer Spezialisierung,
in die er nicht ohne sein Verschulden gedrängt wurde, überwunden hat, seinen tatsächlichen Bedürfnissen und Neigungen wieder Rechnung tragen. Auch Berger hat aus der Sterilität der
reinen Grundlagenforschung herausgefunden und erkennt die Möglichkeiten praktischer Anwendbarkeit.

Diese Weiterentwicklung der Protagonisten wird zum durchgehen-
den Prinzip des Buches erhoben: Es gibt keine Figur, die so negativ gezeichnet wäre, dass sie nicht doch noch einen Entwicklungsprozess durchmachen könnte.

Viele helfen und vielen wird geholfen. Die positive Rolle der
Parteimitglieder innerhalb des Instituts wird dabei besonders
akzentuiert. Selbst der schwankende Kirschbach, der aus Schwäche zum Verräter wird, erhält Gelegenheit, sich zu bewähren
und zu festigen. Mathilde hat die Kraft gefunden, sich aus
ihrer unbefriedigend gewordenen Ehe, aber auch aus der Bindung
an Frank zu lösen; sie wird ihren eigenen Weg gehen.

Deutlicher noch als in Steinbergs "Pferdewechel" (mit dem der
Roman thematisch manche Verwandtschaft besitzt) wird die Tatsache betont, dass jeder Konfliktpartner einen Anspruch darauf
besitzt, ernstgenommen zu werden. Auch der nach den Prinzipien
der traditionellen Forschung arbeitende Berger hat eine Chance, wenn er zur Weiterentwicklung bereit ist. Die ungestümen
"Neuerer" erhalten ihre Lehre: Auch Geduld ist eine revolutionäre Tugend.

Ein gutgemeintes Buch, das aber an seiner Aufgabenstellung
scheitern muss: Weder die Personen der Handlung noch die im
Zentrum stehenden Fragen kommen zu ihrem Recht. Die

wissenschaftlichen Probleme müssen durch den Mund des allwissenden Erzählers dem Leser nahegebracht werden, da sie sich
der unmittelbaren Darstellung entziehen. Und die Probleme der
handelnden Personen erfährt man gleichfalls durch diesen Erzähler, der in langen, ermüdenden Einschüben ausführlich referiert,
was sie denken. Der Phantasie wird wenig Raum gelassen bei diesem auktorialen Erzählen.[1] Die Bewertung wird dem Leser gleichfalls, zumeist in Form schmückender Adjektive, mitgeliefert:

"Rüdiger Worcinskys ankündigende Worte, die gezielten Reden
des Parteitags, die vielfältigen Bemühungen der Akademieleitung
und die ersten Berichte aus Instituten, welche versuchten, gege-
bene Grundlinien in lebendige Veränderungen umzusetzen: all
diese zusammenlaufenden Nachrichten gaben ihm das Gefühl zwang-
haften Verpflichtetseins."[2]

Es mag erlaubt sein, eine Beziehung zwischen dem allwissenden
Erzähler und der politischen Grundeinstellung des Buches herzustellen. Wenn auch bisweilen Irrtümer sich einschleichen, die
Partei weiss stets den rechten Weg. Von dieser Überzeugung getragen, die er auch seinen Lesern vermitteln will, gibt der
Autor mit unbeirrbarer Sicherheit seine Urteile über die handelnden Personen ab, und er weiss stets im voraus, was richtig
und falsch, was gut und böse ist.
Mit diesem Roman will Erpenbeck aktuelle fachliche und forschungspolitische Probleme dem Leser nahebringen. Sie werden
veranschaulicht durch eine human-interest-story, die als Entwicklungsroman, als Generationskonflikt und auch als Liebesge-
schichte gelesen werden kann. Dass diese Story nur als Mittel
zur Illustration theoretischer Probleme benutzt wird, schadet
nicht nur der Glaubwürdigkeit der Handlung, sondern noch mehr
den Problemen selbst, die ja im Mittelpunkt stehen sollen. So
erscheint es wenig plausibel, dass die politisch Verantwortlichen die Verwirklichung von Parteitagsbeschlüssen nicht per
Dekret verfügen, sondern sie dem Durchsetzungsvermögen der

---

1) Die erzähltechnische Terminologie ist Franz Stanzels Abhandlung "Typische Formen des Romans" (8.Aufl., Göttingen 1964)
entnommen.
2) Erpenbeck, a.a.O., S. 241.

"Aktivisten" am Institut überlassen. Warum werden Holstenbrock und Berger zum "Show down", zum heroischen Kampf Mann gegen Mann gezwungen, bei dem es doch nach herkömmlichem Brauch nur einen Sieger und einen (tödlich getroffenen) Besiegten geben kann? Die Spannung wird dadurch erhöht, aber der Realitätsgehalt des Buches nimmt ab. Ähnliches gilt für die Revision der Forschungspolitik, die wiederum einen einzelnen, dem Minister Worcinsky, zugeschrieben wird, der mit raschem Verstand und dem Mut zur unbequemen Wahrheit auf die veränderte Situation reagiert - ein moderner Deus ex machina. Wo bleibt die Partei, kann sie tatsächlich reduziert werden auf diese eine menschlich so überzeugende Gestalt? Politische Wandlungsprozesse schrumpfen zusammen auf individuelles Handeln, bei dem persönliche Beziehungen (die Freundschaft Bergers mit dem Minister) eine bedeutende Rolle spielen. Damit löst sich die politische Substanz auf, sie wird dem "human interest" geopfert.

6. Karl-Heinz Jakobs: Die Interviewer[1]

Seinem jüngsten Roman hat Karl-Heinz Jakobs zwei ironisch ge-
meinte Zitate vorangestellt, einen Ausspruch von Karl May:
"Ich kann mich nicht besinnen, dass ich je mit dem Zweifel oder
gar mit dem Unglauben zu ringen gehabt hätte"; und einen von
Giraudoux: "Wir wollen schön sein und gestärkte Manschetten
tragen."
Mit Skrupeln aller Art, nicht zuletzt an sich selbst und seinem Beruf plagt sich der Protagonist des Romans, der Operationsforscher Hermann Radek, zur Genüge herum. Und der Roman
hält sich keinesfalls an die Maxime von Giraudoux, sondern
zeigt die Personen der Handlung auch in den verfänglichsten
Situationen. Die Diskrepanz zwischen dem theoretischen Anspruch,
wie er sich in den beiden Motti manifestiert, und der alltäglichen Praxis ist vielmehr das eigentliche Thema des Buches.

Den Anlass für die Decouvrierung gängiger Klischees bietet ein
Dokumentarfilm, den der clevere Journalist Kritzki über das
Larganter Glühlampenwerk, in dem Radek arbeitet, drehen will.
Radeks Ehefrau Liane, die ökonomische Direktorin des Werks,
hat ihren Mann in das Werk geholt, in dem bisher noch nach veralteten Leitungsmethoden gearbeitet wurde; er soll, zusammen
mit seinem Freund, dem Mathematiker Moses Schlaf, die verschiedenen Abteilungen auf organisatorische Mängel hin durchforsten
und so dem Werk zu grösserer Effektivität verhelfen. Kritzki
möchte Hermann und Liane Radek in den Mittelpunkt eines geplan-
ten Filmes rücken, ausserdem den Leiter der Abteilung "Endfer-
tigung", den ehemaligen Arbeiter und "Aktivisten der ersten
Stunde", Alfred Baumann.

"Sie und ihre Frau", eröffnete er Radek, "als moderne und pro-
gressive Typen von Leitern der mittleren Generation wollen wir
darstellen, Alfred Baumann als Typus des Arbeiters, der es geschafft hat, durch kontinuierliche Qualifizierung mit der stür-
mischen Entwicklung unseres Landes Schritt zu halten, und heute
eine wichtige Leitungsfunktion der unteren Ebene innehat. Denn

---

1) Karl-Heinz Jakobs: Die Interviewer. Berlin/DDR 1973.

wir suchen den Typus des selbstbewussten Arbeiters, an dessen
Beispiel ablesbar ist das entwickelte Bewusstsein sozialistischer Eigentümer."1)

Diesen Klischees der offiziellen Propaganda, die Kritzki ge-
läufig daherplappert, setzt Jakobs die sehr viel problemati-
schere Realität entgegen. Nicht nur im privaten Bereich kriselt
es (so z.B. im Radekschen Familienleben), die Schwierigkeiten
tauchen auch beruflich auf, und zwar sowohl bei Radek wie auch
bei Baumann. Kritzki freilich will nichts davon in seinen
"Dokumantar"-Film aufnehmen. Lieber ändert er dessen Konzeption: Da die beiden männlichen Hauptpersonen, Radek und Baumann, sich bald als nicht mehr makellos erweisen, werden sie
schlicht herausgeschnitten. Statt dessen will Kritzki die
Frauen, Liane Radek und Elsa Baumann, in den Mittelpunkt stellen. Und als Radek ihn schliesslich mit der unangenehmen Tatsache konfrontiert, dass sein und Lianes Sohn Ernst den Eltern da-
vongelaufen ist, wehrt er sich verzweifelt gegen diese neue
Information, denn:

"wenn ich das darstellen würde, verleumde ich nicht nur euch,
sondern auch die Gesellschaft. Warum könnt ihr nicht so sein,
wie ich euch haben will? Aber nein: Immer diese Widersprüche.
Immer diese Konflikte."2)

Schliesslich kommt ihm eine gute Idee:

"Kunst, das ist die Kunst des Weglassens. Man kann auch sagen,
die Kunst des Wegdenkens. Ich denke mir alle diese minderwertigen und störenden Einzelheiten weg und stelle euch dar in
eurer klaren, schlichten Schönheit."3)

Dass Jakobs damit gegen gebräuchliche oder gebräuchlich gewesene
Verfahrensweisen in der Kunstpolitik der DDR polemisiert, liegt
auf der Hand.4) Er selbst holt die "minderwertigen und stören-

1) Jakobs, a.a.O., S. 51.
2) Jakobs, a.a.O., S. 265.
3) Jakobs, a.a.O., S. 265 f.
4) "Jakobs erinnert uns damit an noch allen gegenwärtige Kunst-
praktiken, in denen Schönfärberei und Konfliktlosigkeit für
sozialistische Kunst ausgegeben wurden", kommentiert Heinz
Plavius in einer Rezension (NDL 11/73, S. 85 ff; Zitat S.86).
Er fährt jedoch beschwichtigend fort: Nach dem VIII. Parteitag der SED renne Jakobs offene Türen ein.

den" Details liebevoll hervor und zeichnet ein Bild, dass mit
Kritzkis "klarer, schlichter Schönheit" nichts mehr zu tun hat.

Je mehr widersprüchliche Momentaufnahmen er jedoch beisteuert,
desto mehr gewinnt er die Sympathie seiner Leser für den Skep-
tiker Radek, für die vitale, zutiefst irrationale Liane und
für den leistungsverweigernden Sohn Ernst. Mitgefühl entwickelt
der Leser auch für Ernst Baumann, der fünfundzwanzig Jahre lang
seine Schuldigkeit getan hat, nun aber den komplizierten Erfordernissen eines modernen Betriebes nicht mehr gewachsen ist;
desgleichen für seine Frau Elsa, die aus ihrem Dämmerzustand
erwacht und zur aktiven Teilnahme am gesellschaftlichen Leben
findet, und überdies für die sechszehnjährige Tochter Lore,die
partout zur Frau werden will und sich Radek hierfür als Partner
ausgesucht hat.
Radek ist als Sohn proletarischer Eltern in der kleinen sächsischen Bergbaustadt Largant aufgewachsen; den erlernten Maler-
beruf konnte er infolge einer Tuberkulose nicht länger ausüben;
er studierte Zoologie, wurde dann Verhaltensforscher, Psycholo-
ge und schliesslich Operationsforscher.[1] Aber die Praxis seines
Berufes bringt es mit sich, dass er sich manchmal wieder zurück-
wünscht in die Vergangenheit:

"Ich glaube, [...] Malerei war das, was ich in meinem Leben am
liebsten gemacht habe. Wenn ich acht Stunden gearbeitet hatte,
war auf meinem weissen Anzug nur hin und wieder ein Farbsprit-
zer."[2]

Nostalgie dieser Art befällt ihn dann, wenn er sich wieder einmal von der zweifelhaften Nützlichkeit seines jetzigen Berufs
überzeugen muss. Denn obwohl dieser sich höchsten gesellschaftlichen Ansehens erfreut, findet er nur selten echtes Verständnis für seine Tätigkeit. Man fürchtet ihn - wie z.B. die Arbeiter, die ihn mit einem Zeitnehmer verwechseln und ihn massiv
bedrohen. Oder man fürchtet und verachtet ihn zugleich - wie
der alte Direktor des Glühlampenwerks, der sich mit Händen und

1) Vgl. Jakobs, a.a.O., S. 101.
2) Jakobs, a.a.O., S. 103.

Füssen gegen die Umstellung auf neue Methoden wehrt. Vor zwei
Jahren hatte der Direktor "Jagd gemacht auf Weisskittel".[1]
Er verlangte handfeste, sichtbare Leistungen von den technischen und wissenschaftlichen Angestellten und zwang damit viele
zum Weggehen. Der Jubel der Produktionsarbeiter war ihm sicher.[2] Als er aber mit einem Schlaganfall im Krankenhaus lag,
veranlassten seine unmittelbaren Untergebenen, darunter auch
die ökonomische Direktorin Radek, die längst notwendige Umstellung auf moderne Prinzipien der Betriebsführung. Das Resultat:
Als der Betriebsdirektor nach seiner Rückkehr die Veränderungen
entdeckte, verfiel er in einen Schreikrampf und stürzte schliesslich tot zu Boden. Der Mann vom alten Schlag, der den Anschluss
an die neue Zeit nicht mehr findet und seine Situation als aus-
weglos betrachtet, stirbt lieber kämpfend als zu kapitulieren.

Seinem Rivalen und präsumptiven Nachfolger Köstler schreit er
vorher noch ins Gesicht, er habe kapitalistische Methoden ein-
geführt und nennt ihn einen Konvergenzler.[3] Der Hauptvorwurf
aber lautet: "Ihr habt die Operationsforscher ins Haus geholt,
die uns die besten Menschen kaputt machen". Und er endet mit
einer wilden Schimpfkanonade auf die "hellen Bürschchen", die
nun wieder aus ihren Löchern kommen.[4]
Sein Tod ist die Konsequenz seiner Haltung: Kein Dazulernen,
keine Kompromisse, keine Resignation - er stirbt in den Stie-
feln, und noch seine letzten Schreie versetzen seine Untergebenen und seine Gegner in Furcht und Schrecken. Eine fast
schon zum Mythos gewordene Generation tritt ab: Die Männer der
Pionierzeit, für die es nur ein Ja oder ein Nein, aber keine
Zweifel und keinen Skrupel gab. Wenn Jakobs als Motto den Ausspruch Karl Mays zitiert, dann ironisiert er damit auch die im
Abgang begriffene Generation der "Heroen" und rückt sie in die

1) Jakobs, a.a.O., S. 112.
2) Vgl. Jakobs, a.a.O., S. 113.
3) Jakobs, a.a.O., S. 116.
4) Jakobs, a.a.O., S. 119.

Nähe Mayscher Wildwesthelden. Am deutlichsten spürbar wird die
eingetretene Mythisierung der Pioniergeneration in den Worten
von Maria Schlaf, der Tochter des Mathematikers, die von diesen Männern als von einer "Generation von Giganten" schwärmt.[1]
"Wozu brauchen wir Giganten", erwidert Radek, "sie versetzen
Berge, saufen Seen aus, die Kleinarbeit aber, das alles wieder
in Ordnung zu bringen, müssen wir tun!"[2]
"In Ordnung bringen" muss Radek vor allem das Glühlampenwerk,das
der Chef vom alten Schlag hatte verschludern lassen. Die
"Scheissgenauen", die "Sekundenspritzer", wie der Alte noch im
Sterben die Operationsforscher tituliert hatte, müssen nunmehr
exakte Detailarbeiten verrichten, die ihnen wohl kaum den Ruf
der Grösse eintragen werden.

Nach den "heroischen" Untergang des Betriebsdirektors sind auch
die Würfel gefallen über seinen Altersgenossen Baumann, den Ab-
teilungsleiter der Fertigungsabteilung. Baumann, der nach
kampfreichen Jahren schliesslich ins Glühlampenwerk gekommen
war, "wo noch wilde Methoden aus Pionierzeiten in Ansehen standen"[3], besitzt mangels Sachkenntnis nicht den Blick für das
Notwendige. In verschiedenen Interviews, die Radek und seine
Kollegen veranstalten, werden organisatorische Unzulänglichkei-
ten aufgedeckt, die nicht nur dem Betrieb teuer zu stehen kommen, sondern bei der Belegschaft unnötigen Ärger verursachen.
Trotzdem steht Karl Baumann als Mensch bei seinen Untergebenen
in hohem Ansehen, seinen vorzeitigen Abgang will keiner. Auch
Radek nicht; und die Tatsache, dass er den Vater seiner Geliebten schliesslich ablösen lassen muss, bereitet ihm

---

1) Jakobs, a.a.O., S. 128.
2) Jakobs, ibid. - Vermutlich will sich hier Jakobs kritisch
   auseinandersetzen mit der bekannten Äusserung von Peter
   Hacks, die Lieblingsfigur der sozialistischen Literatur sei
   der "Riese". (Vgl. dazu Frank Trommer: "Der zögernde Nachwuchs". In: Thomas Koebner (Hrsg.:) Tendenzen der deutschen
   Literatur seit 1945. Stuttgart 1971, S. 1 - 116. Zitat
   S. 101.)
3) Jakobs, a.a.O., S. 145.

Kopfzerbrechen. Konsequenzen dieser Art, die aus seiner Tätigkeit resultieren, sind es, die ihm die Freude an seinem Beruf
nehmen und ihn mit Sehnsucht an seine solide handwerkliche
Tätigkeit als Maler zurückdenken lassen.

Baumann selbst denkt ähnlich: Er will in Zukunft "eine kleine,
wichtige Aufgabe übernehmen"; er will Gerätewart für die
Sportgeräte der Betriebssportgemeinschaft werden. "Handwerklich
macht mir keiner so leicht etwas vor", kommentiert er.[1]

Im Gegensatz zum verstorbenen Betriebsdirektor kennt Baumann
seine Grenzen genau: "Du hast herausgefunden, dass ich schlecht
arbeite, du hast erkannt, dass ich nicht imstand bin, mich der
neuen Situation anzupassen"[2], äussert er im Gespräch mit Radek.
Baumann zieht sich freiwillig in einen Bereich zurück, in dem
er das Metier beherrscht. In Kauf genommen wird dabei der soziale Abstieg und schliesslich das "Unrecht", das ihm widerfährt,
nachdem er ein Vierteljahrhundert nützlich war und nun auf einmal überflüssig geworden ist.

Dass der Operationsforscher nicht "bestellt" ist, "um nach Recht
oder Unrecht zu forschen, sondern dazu, die Arbeitsproduktivität zu steigern", hat Baumann selbst begriffen.[3] Jedoch hier
zeigt sich die Grenze von Radeks Grundsatz: "Ich will Zustände
korrigieren, die Menschen folgen dann von selbst."[4] Was in der
Theorie klar und konsequent zu sein scheint, erweist sich in der
Praxis als eine Rechnung, die nicht ohne weiteres aufgeht. Radek
zählt zu denen, die Veränderungen ernsthaft wollen, er will
"Strukturen untersuchen und feststellen, worin Fehler bestehen und die Fehlerquellen beseitigen". Aber hinter diesen

---

1) Jakobs, a.a.O., S. 226.
2) Jakobs, a.a.O., S. 227.
3) Jakobs, a.a.O., S. 226 f.
4) Jakobs, a.a.O., S. 172. (An anderer Stelle heisst es: "Ich
   kann doch, wenn ich etwas untersuche, nicht Rücksicht darauf
   nehmen, ob ich jemanden kränke mit dem Ergebnis."
   Jakobs, a.a.O., S. 129).

"Fehlerquellen" verbergen sich oft genug menschliche Unzuläng-
lichkeiten. Radek selbst ist nicht blind für solcherlei Konsequenzen:

"Umschlag in eine neue Qualität, wie es akademisch heisst [... .]
Das sagt sich so schön. Als käme neue Qualität von selbst. Und
es wäre kein Risiko dabei. Und als wärest du Prophet und könn-
test überschauen, was daraus wird, was sich da entwickelt."1)

Der Theorie zufolge müsste sich der technische Fortschritt be-
werkstelligen lassen durch die Eliminierung von Fehlerquellen.
Veränderung, radikale Veränderung, von der Radek träumt, steht
im Dienst einer Zielsetzung, die Radek offensichtlich voll bejaht. Seine "Zwiespältigkeit" (die seine Gegenspieler klar erkennen) rührt daher, dass sich bei der Beseitigung von "Stör-
faktoren" - wie hier z.B. Alfred Baumann - gewisse persönliche
Skrupel einstellen. Aber es bleiben private, allenfalls morali-
sche Zweifel. Eine politische Dimension, durch die die rein
ökonomische Zielsetzung seiner Tätigkeit tangiert würde, tut
sich nicht auf. Selbst wenn er, einer plötzlichen Aufwallung
folgend, die Arbeitsbedingungen im Larganter Glühlampenwerk
für menschenunwürdig erklärt2) und kategorisch Veränderungen
verlangt, bleibt es ein rein moralischer Appell, der von niemandem ernst genommen wird.
Radek verlagert seine Aktivitäten gegen Ende des Buches mehr
und mehr auf die private Ebene, und das "happy end", die
"überraschende Lösung" aller anstehenden Konflikte wird gleichfalls hier angesiedelt: Radek will sein Familienleben "sanie-
ren", so wie er vorher den Betrieb in Ordnung zu bringen ver-

---

1) Jakobs, a.a.O., S. 120.
2) Jakobs, a.a.O., S. 78 f.

suchte.[1]

Eine politische Dimension erhalten die familiären Probleme allerdings durch die Gestalt von Radeks und Lianes Sohn Ernst, der aus pubertärem Trotz gegen seine allzutüchtigen Eltern davonläuft und den "sozialen Abstieg" versucht. Was natürlich durch die Wachsamkeit der Polizei misslingt. Ernst reiht sich ein in die Nachfolge von Plenzdorfs Edgar, ("Die neuen Leiden des jungen W.") oder Schneiders Gitti ("Die Reise nach Jaroslaw"). Er durchbricht die festen Normen, er will weder Erfolg haben noch anderen nützlich sein[2] - ein Bekenntnis, das wie ein Hohn auf alle Prinzipien der sozialistischen Gesellschaft klingt.

Zu verstehen ist Ernsts Ausbruch als Protest gegen das allesbeherrschende Effektvitätsdenken; was er wählt, ist nicht westlicher "Liberalismus", sondern ein Affront gegen die anerkannten Verhaltensweisen.

Dass Jakobs eine solche Gestalt wie Ernst nicht isoliert zeichnet,sondern in den Kontext der Radekschen Familie einfügt,zeigt, dass er Ernsts "Leistungsverweigerung" als Kehrseite des Effektivitätsdenkens verstanden sehen will. Der 41jährige Operationsforscher Radek steht in der Mitte zwischen den "Gestalten aus einem Guss" aus der abtretenden Pioniergeneration und den Jungen, die mit der Gesellschaft ihrer Väter nichts anzufangen

---

1) Heinz Plavius vertritt in der bereits erwähnten Rezension die Auffassung, Jakobs rechne in diesem Roman "mit einer Erscheinung ab, die vor wenigen Jahren meinte, mit System und Subsystem, mit Analyse, Extrapolation und Prognose, mit Operationsforschung und so weiter die Lösung für alle Fragen in der Tasche zu haben". Radek scheitere an seinem "technokratischen" Perfektionismus, der ihn die humanen Probleme habe übersehen lassen. (Plavius, a.a.O., S. 86) - Dem wäre entgegenzuhalten, dass Radek nicht nur seinen Helden, sondern auch den Leser ratlos entlässt, nachdem er die Tragweite technokratischer Entscheidungen am Beispiel von Alfred Baumann demonstriert hat. Radek erkennt zwar, dass er sich verrannt hat, findet aber keinen überzeugenden Ausweg.
2) Jakobs, a.a.O., S. 78 f.

wissen. So betrachtet, wird Radeks Position zum schmalen Grat:
Er will mit Hilfe von Wissenschaft und Technik eine bessere,
menschenwürdige Welt schaffen, aber die nachfolgende Generation findet keinerlei Möglichkeiten, sich mit ihr zu identifizieren. Da Ernst nicht fähig ist, eine wie auch immer geartete
Alternative zur bestehenden Leistungsgesellschaft zu entwerfen,
verrennt er sich in der totalen Negation und wird mit leichter
Mühe in den Rahmen der Gesellschaft zurückgeholt. Radeks Skepsis
rührt nicht zuletzt daher, dass er sowohl die Gedankengänge
Baumanns als auch die seines Sohnes nachzuvollziehen vermag,
wenn er auch beider Argumente nicht teilt. Er kennt deren Ein-
wände gegen die bestehenden Normen, und er vermag sie nicht
schlüssig zu widerlegen. Sein Kriterium ist, trotz aller Zweifel, die Effektivität, und das wird weder von Baumann noch von
Ernst akzeptiert.

So bliebe es beim selbstquälerischen Skrupel Radeks, hätte der
Autor dem Ensemble der Figuren nicht auch eine "positive Heldin" hinzugefügt: Elsa Baumann, "die Frau aus dem Porzellanla-
den", die im Lauf ihrer Ehe mit Alfred Baumann nach und nach
zu politischer Bewusstheit gelangt und eines Tages selbst erleben will, was sie nur immer in der Zeitung liest oder im Rund-
funk hört: den Arbeitsalltag der Produktion. Sie will "wissen,
was gespielt wird"[1]. Statt mit zerbrechlichem Porzellan han-
tiert sie nun mit Maschinen, sie engagiert sich nach Feierabend
in einer Arbeitsgemeinschaft, die Halbautomaten entwickelt,und
schliesslich hat sie den nützlichen Einfall, wie die Maschinen
noch besser genutzt werden könnten. Dieser Einfall macht nicht
nur Elsa Baumann berühmt, sondern bringt zum ersten Mal den Na-
man der verschlafenen Stadt Largant in die Rundfunknachrichten.
Elsa Baumann avanciert zur selbstbewussten Arbeiterin, die sich,
wie sie es selbst ausdrückt, ihr Teil nimmt vom sozialistischen
Gemeinbesitz:

1) Jakobs, a.a.O., S. 173.

- 77 -

"Ich bin eine berühmte Arbeiterin geworden, die weiss, dass ihr
die Fabrik gehört, ich werde als Vorbild hingestellt, und wenn
Leute mich fragen, was in mich gefahren sei, so zu tun, als ge-
höre mir das alles, dann sage ich ihnen, redet nicht so viel,
nehmt euch euer Teil und hört auf zu jammern."1)

Weniger ihr Beitrag zur Steigerung der betrieblichen Effektivität qualifiziert sie für diesen Status als vielmehr ihre menschliche Entwicklung, die - von Jakobs detailreich und psycholo-
gisch einleuchtend geschildert - aus kleinbürgerlichen Verhältnissen zur aktiven Teilhabe an der sozialistischen Gegenwart
führt. So fremd ihr Alfred Baumann am Anfang ihrer Ehe gegen-
überstand: Die Jahre des Zusammenseins waren Lehrjahre für sie;
am Ende steht sie da als eine Frau, die den politischen Elan
der Pionierzeit konserviert und auf ihre Weise weiterent-
wickelt hat.
Der Roman weist keine festgefügte Fabel, allenfalls die Demon-
tage einer gängigen Vorstellung auf, wie eine Romanhandlung beschaffen sein solle. Dem entsprechen die Charaktere, die in ihrer Widersprüchlichkeit den Leser vor immer neue Überraschungen
stellen, sowie die unkonventionelle Erzählweise. Schon in seinen früheren Romanen "Beschreibung eines Sommers" (1959) und
"Eine Pyramide für mich"(1972) zog Jakobs den scharfen Schnitt
dem epischen Kontinuum vor. Filmische Techniken wie Abblenden
und Überblenden bestimmen den Duktus des Erzählens. Äussere Hö-
hepunkte (z.B. die "Verführung" von Lore Baumann) bleiben aus-
gespart. Atmosphärisches und Anekdotisches werden statt dessen
in den Mittelpunkt gerückt.
Dieses Vermeiden gängiger Erzählschemata, diese Liebe zur über-
raschenden Wendung, zur immer neueren Sicht auf Menschen und
Probleme, machen den Roman zur schwierigen, höchst anspruchsvollen Lektüre, die den ungeübten Leser zunächst wohl vor den
Kopf stösst. Kein auktorialer Erzähler nimmt ihn bei der Hand
und sagt ihm, wie diese oder jene Handlung zu bewerten sei.
Zwar wird das Geschehen überwiegend aus der Sicht Radeks geschildert, aber von dessen Innenleben erfährt der Leser nur

1) Jakobs, a.a.O., S. 120.

dann und wann einige Details. Und ob die Wertungen Radeks sich
- stets oder partiell - mit denen des Autors decken, ist selten erkennbar. Dem Leser bleibt es überlassen, nach der Ursache
rätselhafter Verhaltensweisen zu forschen. Da Radek "kein aus-
geklügelt Buch" ist, ist die Irritation des Lesers oft nicht
gering. Radeks Charakter kontrastiert in auffälliger Weise mit
seinem durch und durch rationalen Beruf; die Diskrepanz zwischen der wissenschaftlich-technischen Sphäre und dem "Mensch-
lich-Allzumenschlichen", das den Inhalt dieses Buches ausmacht, wird auf diese Weise auch erzähltechnisch zum Ausdruck
gebracht.

7. Brigitte Reimann: Franziska Linkerhand[1]

"Wir haben nur eine Aufgabe: Wohnungen für unsere Werktätigen
zu bauen, so viele, so schnell, so billig wie möglich."[2]

So der Stadtarchitekt Schafheutlin zu seiner neuen Mitarbeite-
rin Franziska Linkerhand. Nach dieser Maxime wird "Neustadt"
aus dem Boden gestampft; "eine gesunde Stadt", wie ein fran-
zösischer Gast höflich bemerkt, weil er sonst an dieser steri-
len Betonwüste nichts zu loben finden kann.[3] Neustadt (damit
ist wohl die Stadt Hoyerswerda gemeint, wo die Autorin mehrere
Jahre lebte) ist die neuentstandene "Wohnstadt" für das nahege-
gelegene Bergbaukombinat. Ursprünglich ein sorbisches Provinz-
nest; in der Gross-Stadt, aus der Franziska stammt, pflegt
man die triste Gegend "Hundetürkei" zu nennen. Durchreisenden
Delegationen führt man eine neue Mietswohnung mit Musterfami-
lie vor:

"Ja, wir sind zufrieden, ja, wir fühlen uns schon wie zu Haus
(die alte Heimat, Espenhain, Böhlen, Zwenkau, verdunkeln Rauch-
wolken und Erinnerung an ein baufälliges Siedlungshaus, nasse
Wände, Klobüdchen im Hof; den Garten allerdings, grüne Bohnen,
Phloxbüsche, rosa, die Kirschbäume vermisst man doch), also
zufrieden, eine Wohnung wie erträumt, zwei Zimmer, Bad, Ein-
bauküche, Miete siebenundfünfzig, eingeschlossen Fernheizung,
ja, wir sind so dankbar, unser Staat, sagt mein Mann..."[4]

Die Dialektik des historischen Fortschritts wird deutlich:
Hygiene und Komfort - wenn auch sparsam bemessen -, eine
"menschenwürdige" Wohnung, verglichen mit den unzulänglichen
sanitären Bedingungen, unter denen diese Familie bisher exi-
stierte. Und da der sozialistische Wohnungsbau nicht dem Prinzip der Profitmaximierung unterliegt, wird dieser Fortschritt
nicht mit unerschwinglichen Preisen bezahlt. Dennoch besass
auch die schmuddelige Idylle, die man verliess, ihre Vorzüge:

---

1) Brigitte Reimann: Franziska Linkerhand. Westdeutsche Lizenzausgabe, München 1974.
2) Reimann, a.a.O., S. 140.
3) Vgl. Reimann, a.a.O., S. 509.
4) Ibid.

den Garten, der Naturnähe, wenn auch fingierte, vermittelte.
Neustadt ist, wie erwähnt, eine "Wohnstadt", es besitzt noch
kein Zentrum. Vielleicht wird erst in zehn Jahren eines entstehen, eins tweilen fehlt das Geld. Für die Bewohner bedeutet
das: Einkaufshallen, ein einziges (zeitweilig geschlossenes)
Kino) und das "Schützenhaus" als "Nahkampfdiele" für sex and
crime am Wochenende.

Franziska räsonniert über Stadtbesichtigungen:

"Wir zeigten Kinderglück und Hygiene... Was unsere Gäste nicht
sahen: die Schlägereien am Lohntag, die Betrunkenen, wenn es
den traditionellen Deputatsschnaps gab, so viele Betrunkene,
dass sich niemand nach ihnen umdrehte, Kinder nicht gafften,
erschrocken oder kichernd, lehnte einer am Laternenpfahl oder
rutschte gemächlich aufs Pflaster; die Rettungswagen mit Fah-
ne und Martinshorn; die Kinderbanden, die in den Kaufhallen
klauten, Bonbons, Pfefferminz, Zigaretten[..]"1)

Sinnlose Gewalttätigkeit führt zum Tod eines jungen Menschen.
Ein Mädchen wird vergewaltigt, aber niemand kommt ihr zu Hil-
fe. Franziska schildert ihrem Vorgesetzten die Stimmung in der
Stadt:

"Es gibt Abende, sagte ich, an denen die Luft knistert... eine
Spannung, die mir bange macht wie ein nahendes Gewitter... Die
Älteren vorm Fernseher. Kein Kino-Freitag. Kein Tanzabend in
diesem Bumslokal in der Altstadt. Die Halbstarken an einer
Strassenecke, die gelangweilten Mienen trotz Kofferheule,
trotz der zottigen Mädchen. Gelangweilt? Ich weiss nichts von
ihnen, nicht, was sie denken und reden - wenn sie überhaupt
mal reden -, spüre bloss, es bereitet sich was vor."2)

Sie weist Schafheutlin auf die Gerüchte von steigenden Suicid-
ziffern hin. Aber er tut es leichthin ab:

"Liebeskummer, ein schlechtes Zeugnis, Misserfolg im Beruf -
schon Kurzschluss, Selbstmord, der Fluchtweg schwacher Charaktere, erlauben Sie, dafür können Sie nicht Architekten
verantwortlich machen."3)

Offensichtlich sind es dieselben Probleme wie in allen Industrie-
ansiedlungen, unabhängig vom Wirtschaftssystem, wie sich denn

---

1) Reimann, a.a.O., S. 509 f.
2) Reimann, a.a.O., S. 511.
3) Reimann, a.a.O., S. 510.

auch die architektonischen Produkte in Ost und West kaum we-
sentlich von einander unterscheiden. Franziska hat während
ihres Studiums die Schriften massgeblicher westlicher Architekten gelesen und ihre Phantasie von deren Entwürfen an-
regen lassen; sie kennt auch Mitscherlichs Traktat über die
"Unwirtlichkeit unserer Städte". Was ist überhaupt sozialistisch
an diesem Städtebau - abgesehen von den geringen Mieten? Der
Primat der Ökonomie, der sich in Schafheutlins eingangs zitier-
ter Maxime ausdrückt, führt zu einer merkwürdigen Konvergenz
mit der am Profit orientierten kapitalistischen Städtebauwei-
se. In beiden wird Nicht-Funktionales ausgelassen: die Möglichkeiten zwangloser Kommunikation, die nur als "Luxus" gelten.

Franziska polemisiert gegen die "Siedlung im Grünen", in der
gewohnt, aber nicht gelebt wird. Sie beklagt den Verlust der
"Strasse", die in ihren Augen der Stadt erst Urbanität verleiht.
Die Vorbilder, an denen sie sich orientiert, sind europäische
Metropolen, historisch gewachsene Städte, wo der "Luxus" jenseits der puren Ökonomie noch aus feudaler oder bourgeoiser
Zeit stammt. Ihr ist deutlich, dass sich dergleichen nicht imi-
tieren lässt, dass der geschichtliche Abstand und der gesellschaftliche Wandel auch eine Veränderung des Städtebaus erforderlich machen. Aber sie kann nur den Mangel formulieren; eine
Konzeption dessen, was sie sich wünscht, existiert noch nicht.

Auffällig ist, dass niemand sich für das entstandene Vakuum
verantwortlich fühlt. Weder der Stadtarchitekt, der nur an der
korrekten Planerfüllung interessiert scheint, noch eine überge-
ordnete Instanz, z.B. auf Bezirksebene oder im zuständigen Mi-
nisterium. Am wenigsten verantwortlich fühlt sich die Partei:
Sie tritt überhaupt nicht in Erscheinung. Wenn Franziska den
FDJ-Sekretär auf die Probleme der Jugendlichen aufmerksam machen will, stösst sie auf taube Ohren. Der Stadtarchitekt
selbst ist Parteimitglied, nicht aus Opportunismus, sondern
offensichtlich aus Überzeugung, die sich aber nicht (oder nicht
mehr) in seiner Handlungsweise ausprägt.
Neustadt ist eine Arbeitersiedlung. Franziska lernt sie während
der Aufbauphase kennen, und sie ist beschämt und bestürzt über

die Deformation der Menschen, insbesondere Frauen, durch die
schwere körperliche Arbeit:

"[...] sie empfand Unbehagen, beinahe Schuldbewusstsein gegenüber diesen frostverbrannten Frauen in ihren Watteuniformen und
den schweren, vor Nässe schwarzen Filzstiefeln, erst recht,
als sie vom Hausvater hörte, dass die meisten jünger waren als
sie. Die sahen aber jetzt schon, zwanzigjährig, älter als Franziska aus (und zugleich alterslos wie Steine, dachte sie), mit
der verwitterten Haut die von einem Netz dünner Risse überzogen
war, und dem harten Haar, das unter Wind und Regen pflanzen-
haft, wie Flechte, wuchs."1)

Franziska, aus grossbürgerlichen Verhältnissen stammende Aka-
demikerin, erkennt die Kluft, die noch immer Kopf- und Handarbeit trennt. Ihre früh geschlossene Ehe mit einem Arbeiter schei-
terte an unüberwindbaren Gegensätzen. Auch in Neustadt belasten
Misstrauen und gegenseitige Vorurteile das Verhältnis zwischen
ihr und den Arbeiterinnen, und nur in seltenen Ausnahmesitua-
tionen gelingt es Franziska, direkten Kontakt zu ihnen zu gewinnen. Ihr wird deutlich, wie sehr die Intelligenz gegenüber
der Arbeiterschaft privilegiert ist. Ihr Gerechtigkeitsgefühl
wird verletzt, wenn sie sich sagen lassen muss, dass man den
Intelligenzlern "Staubzucker in den Hintern" blase.[2]
Durch den Umgang mit den Arbeiterinnen lernt sie die erbärm-
lichen Vergnügen kennen, die ihnen in diesem tristen Nest noch
geblieben sind; sie begreift die Ursachen der dumpfen Verroh-
ung, und sie setzt sich mit aller Kraft für den Bau eines
Stadtzentrums ein, um endlich auch menschenwürdige Möglichkeiten der Freizeitgestaltung zu schaffen.
Die Autorin propagiert hier offensichtlich, wenn auch ohne direkten Hinweis, die Durchführung des "Beschlusses über die Grundsätze zur Planung und Durchführung des Ausbaus der Stadtzentren
vom 4. 5. 1961".[3] Nach der Phase des Wiederaufbaus (1950-55)
folgte, mit dem Beginn der Industrialisierung des Bauens, die

---

1) Reimann, a.a.O., S. 242.
2) Reimann, a.a.O., S. 247.
3) Zum folgenden vgl. DDR-Handbuch, Artikel "Städtebau",
   S. 835 ff.

Errichtung neuer Städte (meist im Zusammenhang mit neuentstan-
denen Industriekomplexen):

"Die Anwendung des industriellen Bauens führte jedoch zu Sche-
matismus und Monotonie. Das künstlerische Moment des Städtebaus war zugunsten des wirtschaftlichen völlig zurückgetreten.
Eingeschränktes Typensortiment, starre Vorfertigung und Orien-
tierung an der scheinbar rationellsten Bautechnik ("Kran-Ideo-
logie" schafft monotonen Zeilenbau) hatten zwar die Forderung
des IV. Parteitages der SED (1954) verwirklicht, schneller,
billiger und mehr zu bauen, aber die Eintönigkeit der dabei
entstandenen Siedlungen war nicht zu übersehen."1)

Brigitte Reimanns Roman greift ein Thema auf, das seit Mitte
der sechziger Jahre in der DDR viel diskutiert wurde. Zu diesem Zeitpunkt zeichnete sich auch eine Abkehr von den rein
ökonomischen Prinzipien ab: "mit Blickpunkt auf den 20. Jah-
restag der DDR wurde der Aufbau der Stadtzentren der wichtigsten Städte in der DDR in den Mittelpunkt gerückt."2)
Dass freilich nicht nur die grösseren Städte, sondern gerade
die in der Provinz eines Zentrums bedürfen, wird durch Brigitte Reimanns Roman anschaulich demonstriert.

Was Franziska missfällt, ist zunächst ästhetischer Natur. Die
äusserliche Hässlichkeit der Betonkomplexe verletzt ihren an
individualistischer Architektur geschulten Schönheitssinn.
Mehr noch nimmt sie Anstoss an der Unfähigkeit der neuen Bewohner, sich passend einzurichten. In eigener Initiative er-
richtet sie eine nach Dienstschluss betriebene Beratungsstel-
le für Innenarchitektur und versucht mühsam, den Kombinats-
arbeitern "Geschmack" beizubringen oder sie wenigstens vor
groben "Ausrutschern" zu bewahren. Sie kämpft gegen röhrende
Hirsche und anderen von Hausierern vertriebenen Kitsch. Sie
selbst besitzt ein Service aus Meissner Porzellan und einen
sicheren, an grossbürgerlichen Normen gebildeten Geschmack.
Aber welche ästhetischen Normen soll sie ihren Besuchern mit

---

1) Ibid.
2) Ibid.

auf den Weg geben?

Das ungelöste Problem einer sozialistischen Kultur wird zwar
nicht explizit aufgeworfen, aber es manifestiert sich in
den Verlegenheitslösungen, die Franziska zu bieten hat. Kauf-
hauskataloge sollen daraufhin untersucht werden, was sie an
Akzeptablem aufweisen. Ein befreundeter Künstler soll ein-
springen. Das Ergebnis ist reiner Eklektizismus. Eine eigen-
ständige sozialistische Kultur existiert nicht; die (gross-)
bürgerliche ist zu elitär; sie kann allenfalls das Niveau bestimmen, das angestrebt werden soll. Franziska muss sich darauf beschränken, aus dem "abgesunkenen Kulturgut", das der
Unterschicht traditionsgemäss als "Kunst" gilt, das Erträgliche herauszusuchen.

Erst später gewinnt sie Einblick in die - bereits angedeute-
ten - sozialen Konsequenzen des neuen Wohnungsbaus; sie befasst sich nicht mehr mit Wohnungseinrichtungen, sondern mit
den Bewohnern selbst und deren unverändert kleinbürgerlicher
Mentalität. Da sie persönlich Privatbesitz verachtet, kämpft
sie gegen unerlaubten Garagenbau und eigenmächtig angelegte
Schrebergärten. Ohne Wissen ihres Chefs lässt sie Privat-
zäune niederwalzen. Allerdings muss sie sich über die positiven Aspekte der Schrebergärtnerei aufklären lassen. Wiederum
wird ihr Dilemma deutlich: Ihre negativen Erfahrungen haben
in ihr eine profunde Abneigung gegen jede Art von "Privatheit" aufkommen lassen. Sie schwärmt noch immer, wie in ihren
Studententagen, von Grossfamilien mit tausend Mitgliedern;
leidet aber selbst unter der Isolation, der die Familienlosen
in dieser kontaktfeindlichen Stadt unterworfen sind.

Was ist sozialistisch? Die Familien in Neustadt sind nach wie
vor Brutstätten der Neurosen, und nur wenige Ausnahmen be-
stätigen die Regel. Verblüffenderweise unterscheidet sich die
Ehe des einstmals fortschrittlichen Schafheutlin nur wenig
von dem bürgerlichen Familiengefängnis, dem Franziska entron-
nen ist. Glücklich sind nur wenige in dieser sozialistischen
Gesellschaft. Die meisten tragen die Zeichen einer tiefen
Deformation. Bei vielen rührt sie noch aus der Vorvergangen-
heit, aus den Kriegs- und Fluchtjahren; die sozialistische

Gegenwart besass nicht die Kraft, sie zu heilen. Andere hat
die Stalinära stigmatisiert, und die weitaus grösste Gruppe
leidet unter Verspiesserung und übertriebener Anpassung, an
mangelnder Phantasie und Initiative.
Zu den Vertretern der ersten Gruppe gehört Gertrud, Schafheutlins Sekretärin, die den Schock der Nachkriegserlebnisse
nicht überwinden kann und dem Alkohol verfallen ist. Franziska ist die einzige, die sich um sie kümmert und die nach Ger-
truds Selbstmord Schuldgefühle empfindet. Die anderen gehen
achselzuckend darüber hinweg. - Markantestes Opfer des Stalinismus ist Trojanowicz, Franziskas Geliebter, ein ehemaliger politischer Häftling. Der einstige Journalist, der vielver-
sprechende Doktorand, der linksradikale Denker, der durch politische Willkür ins Straflager kam, führt jetzt als Kipper-
fahrer im Neubaugebiet ein "befriedetes" Dasein. Er hat resig-
niert, er kämpft nicht einmal um seine Rehabilitierung (die
offensichtlich möglich wäre), er will seine Intelligenz und
seine umfassenden Kenntnisse nicht zum Wohl der Gemeinschaft
nützen, sondern begnügt sich mit seiner untergeordneten Tätigkeit. Eine "Grottenolmexistenz"[1] nennt Franziska sein Leben. Sie selbst fühlt sich verpflichtet, durch schöpferische
Arbeit der Natur Dank abzustatten für ihr Dasein, das sie
- trotz aller Widrigkeiten - als ein grosses Geschenk betrachtet. Sie will sich selbst transzendieren in einer Tätigkeit,
die über das blosse Hier und Heute hinausgeht. Unverkennbar
sind persönliche Motive der totkranken Autorin in die Gestalt
der Franziska eingeflossen. Das Bewusstsein von der Vergäng-
lichkeit des Lebens stachelt Franziska zu immer neuem Engagement an; sie lebt, indem sie sich hingibt an ihre Arbeit,
und nur hier, indem sie sich in ihrer Arbeit entäussert, findet sie heraus aus ihrer eigenen familienbedingten Deformation. Deshalb verlässt sie schliesslich ihren Geliebten und

---

1) Reimann, a.a.O., S. 472.

kehrt nach Neustadt, zu ihrer selbstgewählten Aufgabe, zurück.

Damit wird der Abstand zu den "Neuerern" der Bitterfelder Literatur deutlich. Hinter Meternagel (in Christa Wolfs "Geteiltem Himmel")[1] oder Horrath (in Erik Neutschs "Spur der Steine")[2] stand die Partei - selbst wenn beide als Einzelgänger agierten. Franziska Linkerhand erfüllt keinen Parteiauftrag, noch weniger kann sie auf die Unterstützung einer mächtigen Organisation rechnen. Ihr "bürgerlicher" Lehrer, der Architekturprofessor Reger, hat sie die soziale Verantwortung des Architekten für sein Bauwerk gelehrt, wobei er, der sich nicht mit komplexem Industriebau befasste, wohl kaum in die Verlegenheit geriet, seine eigene Maxime ernst nehmen zu müssen. Franziska hat jedoch die Lehre verinnerlicht, genau so wie sie den Marxismus verinnerlicht hat, ohne dabei Mitglied der SED zu sein. Sie ist Einzelkämpferin aufgrund ihres empfindlichen Gewissens, das die sozialistischen Prinzipien ernster nimmt als es die offiziellen Vertreter des Sozialismus tun.

Ihren Widerpart glaubt sie in Schafheutlin zu erkennen. Erst spät begreift sie, dass Schafheutlin selbst gern anders wollte, als er darf. Das Stadtarchitektenamt ist nichts weiter als ein "Appendix von der Plankommission"[3] und Schafheutlin ein durch negative Erfahrungen phantasielos gewordener Charakter. Insofern gehört er in die dritte Kategorie der "Deformierten"; er leidet unter Anpassungszwang, der aus dem Feuerkopf von gestern einen sturen Bürokraten gemacht hat.

Mit Trojanowicz verbindet ihn eine gemeinsame Vergangenheit: Schafheutlin gehörte zu den Erbauern der Stalinallee, und der Redakteur Trojanowicz feierte ihn damals in begeisterten

---

1) Vgl. dazu Gerlach: Bitterfeld, a.a.O., S. 128.
2) Gerlach, a.a.O., S. 140.
3) Reimann, a.a.O., S. 206.

Zeitungsartikeln. Jetzt sind beide abgestumpft und haben ihren
revolutionären Elan verloren. Schafheutlin ist, wie Trojanowicz
spottet, ein "konservierter Neuerer" geworden, und Franziska
macht sich lustig über den orthodoxen "Zuckerbäcker" von
gestern, der heute zum orthodoxen Funktionalisten geworden
ist und der die Phantasie mordet im Namen der "Realität" und
Emotionen im Namen der "Ökonomie".[1]

Es gehört zu den Prinzipien dieses Erziehungsromans, dass
Franziska zunächst vorschnell urteilt und sich dann revidie-
ren muss. Was ihr fehlt, ist die Einsicht in die Zwänge, denen Schafheutlin ausgesetzt ist:

"Arbeiten Sie mal wie Schafheutlin, in einem Kreisstädtchen,
als unbestätigter Chef, mit einer Handvoll von Leuten, von
Terminen gehetzt, überschüttet mit Eingaben wegen Garagen
und Schrebergärten, mit Beschwerden über Mülltonnen, unge-
pflasterte Strassen, fehlende Krippenplätze... Der kleine Mann
des Städtebaus, ignoriert von der Akademie, übergangen, wo Beschlüsse gefasst werden, ohne Beziehungen (und ohne Talent,
sich ins rechte Licht zu setzen), nie gelobt, nicht mal erwähnt, weil's selbstverständlich ist, dass er den Plan fürs
erste, dritte, vierte Quartal erfüllt."[2]

In einem Interview stellt die Autorin zur Entwicklung ihrer
Protagonstin fest:

"Ich gebe ihr das Recht, sogar den Auftrag, ihre Energie für
die Höherentwicklung ihres Arbeitsgebietes einzusetzen. Wenn
sie aber die Leistungen ihrer Umgebung an abstrakten Forderungen misst und dadurch unterschätzt, so ist das ebenso unreal
wie unreif. Schafheutlin gab vielleicht zu früh auf, und das
rächt sich nun, auch an ihm selbst. Ohne Phantasie für die
Stadt von morgen, wird er nie Ausserordentliches leisten, aber
das heute Notwendige tut er, nicht mehr, nicht weniger. Hierin
ist Franziska ihm unterlegen, und ihr Hochmut gegenüber einem
'Architekturbeamten' hindert sie lange, von Schafheutlin zu
lernen.[3]

Franziska ist schliesslich zum Lernen bereit, aber sie beharrt
auch auf ihren Postulaten. Ihre Grossherzigkeit und Uner-
schrockenheit finden Schafheutlins heimliche Bewunderung. Zwar

---

1) Reimann, a.a.O., S. 320.
2) Reimann, a.a.O., S. 404.
3) Brigitte Reimann im Interview mit Annemarie Auer, Sonntag
   Nr. 43 vom 22. 10. 1972.

bleibt er - pflichtbewusst wie immer - ihr gegenüber auf
Distanz, aber er legt etwas von seiner Starrheit ab und findet wieder zu seinem ursprünglichen, lange verschütteten Wesen zurück.

Was Franziska am Schluss erstrebt, ist die Synthese:

> "Es muss, es muss sie geben, die kluge Synthese zwischen Heute
> und Morgen, zwischen tristem Blockbau und heiter lebendiger
> Strasse, zwischen dem Notwendigen und dem Schönen, und ich bin
> ihr auf der Spur, hochmütig und ach, wie oft, zaghaft, und
> eines Tages werde ich sie finden."1)

Ähnlich wie Schafheutlin reagiert auch Trojanowicz, der fast
gerührt feststellt, sie besitze Talent zum Glücklichsein, und
der seinen Zynismus gerne wieder durch authentische Gefühle
ersetzen würde. Franziska wünscht, er solle ein Buch über seine Erfahrungen schreiben, um dadurch vom lähmenden Druck der
Vergangenheit loszukommen. Sie verübelt es ihm, dass er nicht
die Kraft dazu findet. Am Schluss trennt sie sich von ihm,
offensichtlich weil er nicht mehr in der Lage ist, sich ernsthaft zu engagieren.

Franziska Linkerhand, die entlaufene und zum Sozialismus über-
gelaufene Bürgerstochter, die sich selbstlos für die Belange
der Arbeiter einsetzt, obwohl ihr bewusst ist, dass es zwischen
ihnen und ihr keine Interessengleichheit gibt, steht zwischen
den Klassen, und vielleicht verdankt sie diesem Tatbestand die
gesteigerte Sensibilität und das ausgeprägte Verantwortungsbe-
wusstsein, das sie zum Festhalten an ihrer selbstgewählten Verpflichtung bewegt.

Dass diese Aufgabe die Kräfte eines einzelnen übersteigen muss,
dass sie die Arbeit von Generationen sein könnte, dass vor
allem auf der politischen Ebene grünes Licht für ihre Pläne
gegeben werden müsste, das alles liegt offensichtlich jenseits
ihres Horizonts. Hier wird eine entscheidende Schwäche des
Romans sichtbar: Franziska will zwar im gesellschaftlichen
Raum tätig sein, erfasst aber nicht die politische Tragweite
ihrer Handlungsweise. Schon dass sie Schafheutlin für ihren

---

1) Reimann, a.a.O., S. 582.

Gegner hielt, ist symptomatisch für ihre politische Naivität.
Die höheren Entscheidungsebenen rücken erst allmählich in ihr
Blickfeld. Franziska kämpft bürgerlich: Sie geht an die Öffentlichkeit. Mit Hilfe eines kritischen Zeitungsartikels versucht
sie die Bevölkerung zu mobilisieren. Hunderte von Leserbrie-
fen stimmen ihr zu, aber Schafheutlin sagt ihr deutlich, dass
das nichts nütze. Nun versucht sie es auf einer höheren Ebene: Vor einem Architektenkongress hält sie - entgegen allen
Vereinbarungen - ein kritisches Referat über Neustadt und
zerpflückt die These des Kongresses: "Sozialistisch bauen
heisst ökonomisch bauen." Ob sie mehr als Verlegenheit bei
der Fachwelt hervorruft, bleibt wegen des fragmentarischen
Schlusses unbekannt. Franziska scheint jedenfalls mit keinen
allzu harten Sanktionen zu rechnen.

Ähnliches gilt für den Roman selbst. Seit seinem Erscheinen
nimmt er eine Spitzenstellung in der Bestsellerliste des
"Neuen Deutschlands" ein. Die Tabuverletzungen scheinen keine
allzugrosse Wirkung gezeitigt zu haben. Diskussionen gab es
kaum; die Zustimmung war einhellig. Dass die implizite Forderung nach einer Überbaurevolution Sprengkraft genug besitzt,
braucht jedoch nicht eigens dargelegt zu werden. Wären Kommu-
nikationsmöglichkeiten, wie Franziska sie anstrebt, bei der
politischen Führung gern gesehen? Wäre den Verantwortlichen
gelegen an einer auch kulturell mündigen, kommunikationsfä-
higen Arbeiterschaft? Wie reagierte sie auf die Veränderung
der gesellschaftlichen Struktur, die durch ein Aufbrechen der
isolierten Kleinfamilie entstehen müsste? Alle diese Fragen
werden nicht thematisiert, aber sie ergeben sich als konse-
quente Fortsetzung der angeschnittenen Probleme. Allerdings
überschätzt Franziska die Möglichkeiten der Architektur: Die
Architekten könnten Angebote bereitstellen; aber nur durch
Zusammenarbeit der politisch Verantwortlichen könnten die Bewohner befähigt werden, von diesem Angebot Gebrauch zu machen. Das alles erkennt die Einzelkämpferin Franziska nicht;
sie hat nicht begriffen, dass sie ihren Kampf auf der politi-
tischen Ebene führen müsste.

In Franziskas Subjektivität liegt die Stärke und Schwäche dieses Buches. Franziska schreibt in Form eines Rechenschaftsberichts an ihren Geliebten Trojanowicz, den sie verlassen will. Sie schreibt persönlich, ohne sich selbst zu schonen, aber sie bemüht sich zugleich um jenen Grad von Objektivität, der es ihr ermöglicht, auch die Gefühle anderer zu verstehen. So überschreitet sie des öfteren die Grenze der Ich-Erzählung und berichtet in der dritten Person Dinge, die sie nicht wissen, bestenfalls erraten kann. Reflektierende Passagen sind eingeschaltet; hier setzen Erkenntnisprozesse ein, die diesen Roman zum Dokument eines seelischen Reifungsprozesses machen. Ein Entwicklungsroman im doppelten Sinn: Franziska durchläuft nicht nur ihre Kindheits- und Jugendjahre; sie lernt begreifen, indem sie ihre Erfahrungen zu Papier bringt und sie dem geliebten Mann verständlich zu machen sucht.

8. Gerti Tetzner: Karen W. [1]

"Und mit jedem verwarteten Tag werde ich unruhiger als in Wochen zuvor: mein Leben fliesst weg, unwiederbringliche Kraft
und Jugend versickern unverbraucht [...] "[2]

Es sind nicht nur Jugendliche à la Edgar Wibeau, die aus der
wohlgeordneten leistungsorientierten DDR-Gesellschaft ausbrechen und ihren eigenen Weg suchen. In schlaflosen Nächten
denkt die dreissigjährige Karen W. über sich und ihren Lebensge-
fährten, den Historiker Peters, nach:

"Dieses Grübeln, wie und warum wir so geworden sind und wie
wir hätten sein können."[3]

Peters' Universitätskarriere scheint problemlos, zu problemlos zu verlaufen. Karen vergleicht sie mit einem Eisenbahn-
gleis, auf dem man mit einem bestimmten Zug ein bestimmtes
Ziel erreicht.[4] Was Karen Peters vorwirft, ist opportunisti-
sche Anpassung: Innerhalb von vierzehn Tagen verleugnet er
seine eigene Lehrkonzeption, nur weil ein anderer Chef ihm
jetzt sagt, was "objektiv notwendig" ist.[5] Karen hasst die
Fremdbestimmtheit, die jeden eigenen Lebensentwurf erstickt.
In einer solchen schlaflosen Nacht verlässt sie Peters und
fährt mit ihrer Tochter Bettina in ihr thüringisches Heimat-
dorf zurück.
Als sie vor Jahren aus diesem Dorf weggegangen war, um die
höhere Schule in der Kreisstadt zu besuchen, hatte sie davon
geträumt, später irgendwohin zu gehen, wo die "wirkliche
Revolution" noch bevorstand. Sie wollte heraus aus der Enge,
aus den jahrhundertealten Zwängen und Gewohnheiten, sie wollte etwas Neues, Eigenes verwirklichen. - Diese Aufbruchstimmung
hat sie sich bisher bewahrt. Ihre schönsten Stunden erlebte die
studierte Juristin, während sie im Jahre 1960 bei der Kollek-

---

1) Gerti Tetzner: Karen W. Westdeutsche Lizenzausgabe, Neuwied
   1974.
2) Tetzner, a.a.O., S. 6.
3) Tetzner, a.a.O., S. 5.
4) Tetzner, a.a.O., S. 8.
5) Vgl. Tetzner, a.a.O., S. 41.

tivierung der Landwirtschaft assistierte. Sie hatte gehofft,
dass auf diese Weise dem borniertem Besitzdenken der Todes-
stoss versetzt würde; sie hatte von "sensationellen Veränderungen" auf dem Lande geträumt.
Doch später wurde die Abneigung gegen den juristischen Forma-
lismus so gross, dass sie aus gesundheitlichen Gründen ihren
Beruf quittierte, um nur noch für Mann und Kind dazusein. -
Der Historiker Peters, mit dem sie ohne Trauschein zusammen-
lebt, hatte sich die Rolle des Individuums in der sozialistischen Gesellschaft zu seinem Forschungsgegenstand gemacht;
er verteidigte ihn gegen systemkonforme Kollegen, so wie er
bereits als Student gegen die ewig nachplappernden partei-
getreuen "Papageien" kämpfte und dafür sogar mit zeitweiligem
Ausschluss vom Studium bestraft wurde. Aber dieser Impetus
ist im Lauf der Jahre offensichtlich erloschen. Peters droht
in der alltäglichen Routine des Universitätsbetriebs zu erstarren, seine Forschung stagniert, und er selbst verliert sich
in Karriere-Rangeleien. - Karen, die ihn anfangs nach Kräften
unterstützte, kommt sich immer überflüssiger vor. Ihr Dasein
erschöpft sich nur noch in der Hoffnung auf ein ungewisses
Später, bis sie sich schliesslich losreisst, um aus eigener
Kraft einen neuen Anfang zu versuchen.
Das thüringische Dorf konfrontiert sie nun mit den Problemen
ihrer eigenen Entwicklung. Ihren Lebenslauf rekapitulierend,
wird ihr klar, dass sie sich meist nur reaktiv verhalten hat,
statt etwas "Eigenes" zu verwirklichen. Aus falsch verstande-
nem Gerechtigkeitsgefühl hatte sie sich in das ungeliebte
Jurastudium drängen lassen. Nun lernt sie wieder körperlich
arbeiten, und sie findet schliesslich eine Tätigkeit, die ihr
Interesse weckt: Eine hochmoderne Hühnerfarm, wo ein Schalter-
druck achttausend Hühner mit Nahrung versorgt. Sie beschliesst,
als Lehrling auf einer solchen vollautomatisierten Farm zu beginnen.
Was sie reizt, ist die Auseinandersetzung mit den neuartigen
Problemen der wissenschaftlich-technischen Revolution. Eine
monoton anmutende, doch äusserste Konzentration erfordernde

Tätigkeit:

"Und welche Abdrücke wird die abstumpfende und gleichzeitig
aufreibende Automatenwelt in Gefühl und Verstand hinterlassen?
Werden wir uns als empfindsame [sic!] und wissende Menschen
dagegensetzen, darüber bleiben?" 1)

Indem Karen diese Herausforderung akzeptiert, begibt sie sich
wieder in die Nähe der Universitätsstadt L., in der sie zuvor
mit Peters gelebt hat. Sie trennt sich vom Osthäuser Tierarzt
Steinert, der sie liebt, für den sie aber nur Sympathie empfindet. Von einem Freund erfährt sie, dass Peters aus seiner Resignation herausgefunden hat und seine Idee wieder mit Leidenschaft verficht. Wenn auch von einem Happy end nicht die Rede
ist, so darf doch vermutet werden, dass ihr und Peters' Weg
sich wieder einander nähern werden.

Was beide noch immer verbindet, ist die Suche nach dem "Eigenen", Unverwechselbaren, das von niemand anderem getan werden
kann. Peters scheint prädestiniert für das Thema, das er sich
für seine Forschung ausgesucht hat. Auch nachdem die stalinistische Ära in der DDR zu Ende ist, muss er sich noch immer
gegen Vorwürfe zur Wehr setzen, er bleibe nicht auf dem Boden
des Marxismus. Karens einstige Bewunderung galt sowohl dem
Gegenstand wie auch dem Menschen Peters, der sich nicht von
seinem Ziel abbringen liess. Hätte Peters an seinem ursprünglichen Engagement festgehalten, sie hätte niemals ihr eingeschränktes häusliches Dasein als unerfüllt empfunden.
Was sie Peters zum Vorwurf macht, ist, dass er, der sein "eigenes" Thema gefunden hatte, es um seiner Karriere willen
im Stich liess. Indirekt kritisiert sie auch das Universitäts-
system, in dem befähigte Leute "verschlissen" werden - so im
Falle Peters' durch die Notwendigkeit, sechs (!) parallele
Lehrveranstaltungen abzuhalten. Die Gesellschaft schneide
sich ins eigene Fleisch, konstatiert Karen. Von den politischen Schwierigkeiten im Hintergrund erfährt sie erst später.

1) Tetzner, a.a.O., S. 285.

Zeitweilig ist Peters bereit, sein Thema mit einem weniger
brisanten, etwa den Bauernkriegen, zu vertauschen, nur um endlich in Frieden arbeiten zu dürfen. Einige Kollegen (und Kon-
kurrenten), die als Aufpasser fungieren, werden scharf kari-
kierend dargestellt. Doch Karen argumentiert eher moralisch
als politisch, wenn sie auf das Verwerfliche einer solchen
Existenz hinweist. Ihre Abneigung richtet sich gegen diese
einzelnen Personen, nicht gegen ein System, das derartige Subjekte begünstigt.
Auch Peters' Resignation und zeitweilige Anpassung ist in ihren Augen tadelswerte Schwäche. Sie scheint recht zu behalten:
Offensichtlich hat ihm die Trennung die Augen geöffnet und ihm
sein altes "Feuer" wiedergegeben. Von den politischen Schwierigkeiten der (vermeintlichen Affinität zu den Ideen des Prager Frühlings) ist am Schluss nicht mehr die Rede.
Karen ist Marxistin; an direkten oder indirekten Bekenntnissen
zum Marxismus lässt sie es nicht fehlen. Sie ist zuzeiten
engagiertes FDJ-Mitglied, das freiwillig an Ernteeinsätzen
teilnimmt. Sie erteilt Seitenhiebe sowohl gegen den Ungarn-
Aufstand wie auch gegen die Prager Bewegung. Trotzdem spielt
in diesem Buch die Partei keine Rolle. Von dieser Seite kommen keine Anstösse für Karen. Aber die Partei tritt auch nicht
negativ in Erscheinung. Für Karen ist die Partei, obwohl sie
offensichtlich Peters' Arbeit hemmt, kein Gegner. Sie kämpft
nur mit Individuen. Peters, wenn er sich durchsetzen will,
muss ihrer Meinung nach sich selbst und seine eigene Schwäche
überwinden. Er muss aufhören, immer nur Rücksicht zu nehmen,
und sich statt dessen zu seiner selbstgewählten Aufgabe be-
kennen. Selbst wenn er mit Repressalien zu rechnen hat - die
Analogie zu den Schwierigkeiten der Vergangenheit lässt den
Schluss zu, dass sie erträglich sein werden. Dabei ist die
Aufgabe, die Karen sich gestellt hat, noch schwerer lösbar als
die Peters': Sie will versuchen, angesichts der modernen Automatenwelt "ein Mensch" zu bleiben. Wie sie es machen will, wie
sie sich vor ähnlichen, vielleicht noch schlimmeren Frustra-
tionen als in ihrem einstigen Juristenberuf bewahren will,

bleibt ihr Geheimnis.

Sie hat zweifelsohne ein Problem von Relevanz aufgegriffen.
Die Automatisierung bedeutet eine gravierende Umstellung für
Menschen, die an harte körperliche Arbeit gewohnt sind. Es
steht zu vermuten, dass Karen dieses Problem angehen wird, wie
sie bisher Schwierigkeiten zu bewältigen suchte: Mit der ge-
ballten Kraft ihres guten Willen, mit aller Energie, die ihr
zur Verfügung steht. (So wie sie bis tief in den Herbst,
trotz allen Witterungseinflüssen, bei der Arbeit auf den Rü-
benfeldern aushielt.) Sie begreift dieses Problem nicht als
eines, das gesamtgesellschaftliche Veränderungen, beispielsweise in der Arbeitsorganisation erfordert, sondern betrachtet es lediglich als eine Frage des individuellen Engagements.

Der Roman ist als innerer Monolog im Präsens geschrieben. Dem
Leser wird das Gefühl des unmittelbaren Beteiligtseins vermittelt; das ermöglicht ihm die Identifikation mit der Ich-Er-
zählerin. Rückblenden leiten Reflexionsprozesse ein, an denen
auch der Leser partizipiert. Er wird mit hineingerissen in den
Wirbel widerstreitender Empfindungen, deren Ursache er erst
nach und nach erfährt. Die Dynamik des unabgeschlossenen Prozesses zieht ihn mit sich fort und gibt ihm, wenn das Buch
beendet ist, das Gefühl, dass Karens Leben jetzt erst richtig
beginnen werde. Zahllose Frage- und Ausrufesätze und eine
der Umgangssprache sich annähernde Diktion (Tendenz zur Elli-
sion) unterstreichen den Charakter des direkt gesprochenen
Worts. Kein episches Präteritum vermittelt Distanz. Alles ist
ständig in Bewegung; Karens Vorliebe für den "Aufbruch" findet
in dieser lyrisch-dramatischen Sprache ihren adäquaten Ausdruck.
Die Autorin verzichtet allerdings auf die erlebte Rede, die
weniger künstlich gewirkt hätte als dieser fingierte Monolog.
Das mag zum einen damit zusammenhängen, dass die erlebte Rede
in der DDR noch immer als westlich-dekadentes Stilmittel ta-
buiert ist; zum anderen ginge das Moment bewusst reflektieren-
der Subjektivität, das dem inneren Monolog anhaftet, im halb-
bewussten "stream of consciousness" der erlebten Rede unter,

was die Autorin offensichtlich vermeiden wollte.

Wohin soll dieser Aufbruch führen? Sicherlich in eine neue Zeit,
die sich von der alten dadurch unterscheidet, dass sie es dem
Menschen ermöglicht, etwas "Eigenes" zu verwirklichen. Denkbar
wäre es gewesen, diese These in die politische Sphäre zu über-
tragen, etwa im Sinne eines "eigenen Weges zum Sozialismus".
Karen wehrt sich zwar gegen die Übermacht der literarischen
Tradition, d.h. gegen die gängige These vom nationalen Kultur-
erbe, und plädiert auch hier für Selbstverwirklichung. Aber ein
Protest gegen die überwältigende, niederschmetternde Übermacht
des politischen Vorbilds, der Sowjetunion, taucht in Peters'
und Karens Überlegungen nicht auf; im Gegenteil: die Distan-
zierung von den Ideen des Prager Frühlings macht deutlich, dass
die Autorin aus ihren Thesen keine politischen Konsequenzen
ziehen möchte.

Dennoch ist das Buch nicht ohne politische Brisanz. Karen kämpft
gegen Opportunismus, Bürokratismus, halbherzigen Schlendrian
und das Verharren in festgefahrenen Gleisen. Betrachtet man
die DDR mit ihren Augen, dann ist diese Übergangsgesellschaft
auf dem besten Wege, ihren revolutionären Impuls einzubüssen
und sich mit dem Erreichten zufrieden zu geben. Karen weiss,
dass der Veränderungsprozess weitergehen muss, dass er nicht
nur die Produktionsverhältnisse, sondern auch den Überbau, das
Bewusstsein der Menschen erfassen muss; fast könnte man von
der Forderung nach einer permanenten Revolution sprechen.

Was ist dieses "Eigene", wie soll es verwirklicht werden? Es
geht nicht um die Einräumung eines gewissen individuellen Frei-
heitsraumes, der eher ausgrenzenden Charakter besässe. Peters
erhebt beispielsweise nie die Forderung nach Lehrfreiheit
- trotz allen Pressionen, denen er ausgesetzt ist. Das "Eigene", das ist der Lebensentwurf, den, nach Karens Meinung, jeder
in sich trägt und der oft durch die Last der Verhältnisse er-
drückt wird. Exemplifiziert wird diese Forderung am Nachbarn
Werlich, dessen Lebenspläne Schritt um Schritt an den harten
Lebensbedingungen zerbrechen und der schliesslich nicht mehr
die Kraft besitzt, einen neuen Entwurf zu konstruieren. In

gewisser Weise handelt es sich dabei um eine Lebensaufgabe, die
der einzelne sich selbst stellt. Jeder muss seine individuelle
Aufgabe finden; diese ist so sehr an seine Person gebunden,
dass sie - wie im Märchen - von niemand anderem erfüllt werden
könnte. Deshalb darf sich auch das Individuum Peters nicht seiner selbstgewählten Aufgabe entziehen.

Auch Karen sucht und findet ihre spezifische Aufgabe. Phantasie, Spontaneität und Naturverbundenheit prädestinieren sie
zum Kampf mit dem feindlichen Element, der Automatenwelt. Von
ihrer Gartenarbeit, vom Sauerkirschenernten und Asternpflücken,
ist am Anfang des Buches die Rede. Am Schluss will sie in einen
Betrieb gehen, in dem achttausend Hühner ohne Grün und Sonnen-
licht vegetieren. Gelänge es ihr, auch unter solchen Bedingungen der psychischen Deformation zu entgehen, hätte sie ihre
Aufgabe erfüllt.

Karens "individualistisches" Denken steht in extremem Gegensatz zur Weltanschauung ihrer früheren Vorgesetzten, der
Staatsanwältin Linda Dittrich, der Karen durch Zufall wieder
begegnet. Für Linda richtet sich das menschliche Leben starr
nach den Prinzipien einer scheinbar objektiven Notwendigkeit.
Linda selbst, das erkennt Karen nun deutlich, ist das Produkt
eines rigiden Anpassungsprozesses. Mit eiserner Selbstdiszi-
plin, ohne Rücksicht auf persönliche Bindungen, bewältigte
sie noch in fortgeschrittenem Alter ihre berufliche Karriere.
Ihre Philosophie resultiert aus diesem zugleich geglückten
und verfehlten Leben; Karen, die sich im Zwist von ihr trennt,
wird in ihrer eigenen Auffassung bestätigt.

Grössere Gegensätze sind in der Tat nicht denkbar. Für Linda
vollzieht sich die historische Entwicklung als determinierter
Prozess; auf den einzelnen und seine Probleme kann keine Rücksicht genommen werden.[1] Peters dagegen betrachtet die Geschichte als das Werk von Individuen. Nicht die historische Entwicklung interessiert ihn, sondern - wie in gewissen Phasen
der bürgerlichen Geschichtsschreibung - der Einfluss des Individuums (z.B. der Herrscherpersönlichkeit) auf die Ge-

---

1) Vgl. Tetzner, a.a.O., S. 252.

schichte. Zieht man Peters' Ausspruch hinzu, dass für die Geschichte nichts anderes sei als eine grosse Beispielsammlung[1],
so wird deutlich, dass ihm, dem Historiker, ein Begriff von
"Geschichte" gänzlich abgeht. Kontinuität, historischer Fortschritt, Totalität sind Vokabeln, die in seinem Wortschatz
nicht existieren. Als Gegenpol zum Determinismus der Linda
Dittrich erscheint hier ein extremer Individualismus. Daher
die bereits erwähnte Bindung der "Aufgabe" an den einzelnen.
Würde diese Aufgabe als objektives Problem - beispielsweise als
das denkbare Resultat einer historischen Entwicklung - begriffen, dann könnten alle Befähigten und Engagierten sie gemeinsam lösen.

Zu erklären ist dieser übersteigerte Individualismus als Protest gegen die bürokratische Erstarrung der DDR-Gesellschaft und
den allgemeinen Konformitätsdruck. Aber der Protest geht nicht
allzuweit: Da er den Systemcharakter der erzwungenen Anpassung
nicht zu erfassen vermag, bleibt es bei moralischen Appellen,
die niemandem wehtun.

1) Tetzner, a.a.O., S. 166.

III. Resümee

1) Historische Einordnung

Die hier interpretierten Romane sind in der Zeit des Übergangs
von der "Ära Ulbricht" zur "Ära Honecker" verfasst worden.
Ihre Konzeption reicht manchmal sehr viel weiter zurück; auch
ihr Handlungsspielraum ist im wesentlichen die zweite Hälfte
der sechziger Jahre. Dennoch wird die Verunsicherung nach
dem VIII. Parteitag der SED spürbar: Die unbegrenzte Wissen-
schaftsgläubigkeit bröckelt ab, und an ihre Stelle tritt ein
Vakuum, das durch den Appell an die Loyalität gegenüber der Partei nicht allein gefüllt werden kann.
Interessanterweise erschienen zum selben Zeitpunkt literarische
Produkte, die den Primat der Ökonomie in Frage stellten. Ihre
Forderungen richten sich auf Veränderungen im gesellschaftlichen Überbau: "Wollen wir zulassen, dass diese Revolution
nach ihrem Sieg in der täglichen Praxis hinter ihren Entwurf
zurückgeht? Sind die wirtschaftlichen Veränderungen denn
schon alles?" (Gerti Tetzner) Dem liegt die Einsicht zugrunde,
dass die Entwicklung zum Sozialismus nicht automatisch aus dem
wirtschaftlichen Fortschritt resultiert. Immerhin bleiben die
hier erhobenen Postulate im Rahmen des vorgegebenen Systems.
Oder vielmehr: sie ignorieren die politischen Machtverhältnis-
se und richten ihr Augenmerk lediglich auf den zwischenmensch-
lichen - im weitesten Sinne: gesellschaftlichen - Bereich. Ihre politische "Enthaltssamkeit" mag die Ursache dafür sein,
dass diese Romane nicht nur toleriert, sondern sogar auf die
Bestsellerlisten der Republik gerückt wurden (was nicht ohne
Billigung der politisch Verantwortlichen möglich gewesen wäre). Die implizite politische Sprengkraft solcher Postulate
(im Grunde wird eine Überbaurevolution gefordert) scheint
nicht bewusst geworden zu sein.

Gemessen am Kriterium der Fortschritts- und Wissenschafts-
gläubigkeit lassen sich folgende Positionen unterscheiden:

a) Neutsch und Kant schreiben als Apologeten des bestehenden
   Systems. Ungebrochener Optimismus kennzeichnet ihre Romane.
   Wie es bisher ständig weitergegangen ist, so wird es auch
   in Zukunft weitergehen. Die Protagonisten ihrer Romane sind
   flexibel genug, sich auf jede neue Kehre und Wende der poli-
   tisch-gesellschaftlichen Entwicklung einzustellen. Sie vertrauen auf die politische Führung; ja sie identifizieren
   sich weitgehend mit der DDR, so dass ihre Vita die Geschichte ihres Landes (d.h. deren offizielle Version) widerspie-
   gelt. Neutsch singt das Hohelied der Arbeiterklasse, die nun
   ihr eigenes Schicksal in die Hand genommen hat. Sie hat
   bisher alle Schwierigkeiten überwunden, und so wird sie auch
   die neue Herausforderung, die wissenschaftlich-technische
   Revolution, bewältigen. Bedeutsam ist diese Aufgabe allerdings, weil hier die Arbeiterklasse das Lernen lernt. Damit
   öffnet sich der Blick in eine unendliche, aber höchst nebu-
   löse Ferne. Der Leser soll darauf vertrauen, dass die Arbeiterklasse auch weiterhin ihre Probleme und die der ganzen
   Gesellschaft lösen wird. - Entsprechend führt Kant seinen
   Helden, den Mann aus dem Volk, auf die höchsten Höhen der
   Macht und versucht dem Leser Vertrauen einzuflössen zu einem System, das solche Männer an seine Spitze stellt.

b) Steinberg und Erpenbeck bieten Beispiele zur Lösung von Konflikten, die sich aus der wissenschaftlich-technischen Revolution ergeben. Steinberg zeigt dem Leser ein übersicht-
   liches Modell, dessen didaktischer Charakter unverkennbar
   ist. Die Stärke und Schwäche der alten und der jungen Generation wird an einen exemplarischen Fall demonstriert. Ein
   Fall, der - mutatis mutandis - sich oft genug ereignet hat
   in den Jahren seit 1963. Das Problem wird primär als psychologisches betrachtet: Es geht einerseits um die nachlassen-
   de Anpassungsfähigkeit der Alten und andererseits um den
   mangelnden Praxisbezug der Jungen, die in ihrer Neigung zum
   Theoretisieren den "Faktor Mensch" unterschätzen. Die Lösung
   des Problems ist daher individualpsychologischer Art: Beide

Seiten müssen lernen, dass sie aufeinander angewiesen sind.
Mit Einsicht und gutem Willen lässt sich auch dieses Problem bewältigen.

Bedeutsam ist die Tatsache, dass die entscheidenden Hinweise zur Konfliktlösung von der Partei kommen. Dies gilt auch
für Erpenbecks Roman, der allerdings als Beispiel einer ver-
schleierten Krise gelten muss. Trotz aller Beschwichtigun-
gen und aller Verweise auf die Weitsicht der politischen
Führung bleibt doch am Schluss ein Gefühl der Ratlosigkeit:
Zwar wird es weitergehen, weil es weitergehen muss, aber
wohin, das weiss niemand zu sagen.

c) Thematisiert wird die Krise des wissenschaftlich-technischen
Fortschritts in Jakobs' Roman. Die Geschichte eines Schei-
terns wird erzählt. Der Protagonist Radek will Strukturen
ändern und merkt zu spät, dass er über Menschen stolpert.
Dass Radek nicht aus Blindheit oder Hochmut, sondern trotz
seiner Skepsis zu Fall kommt, macht die Angelegenheit
noch schwieriger. Ob Jakobs das System in toto verwirft,
lässt sich nicht mit Bestimmtheit sagen; ein Lösungsmodell
kann er jedenfalls nicht angeben. Bei ihm geht der Fortschritt über Leichen. Wer sich nicht, wie Baumann, mit An-
stand zurückziehen kann, ist verloren.
Jakobs' Konstruktionsprinzip weist manche Ähnlichkeiten mit
dem seinem früheren Roman "Beschreibung eines Sommers"
(1961) auf: Der Technikgläubige, der die Menschen als
quantité négligeable betrachtet, wird eines Besseren belehrt. Zwar geht Radek das schneidige Draufgängertum von
Jakobs' früheren Helden ab, aber im Grunde träumt er, genau wie sie, von einer perfekten Lösung, die keinen menschlichen Problemrest übriglässt.
Die wissenschaftlich-technische Revolution wird die Welt
verändern, und die Menschen müssen sich ihr gewachsen erweisen. Während Neutsch nicht daran zweifelt, fürchtet
Steinberg, dass die Zäsur zwischen den Generationen zu tief
werden könnte. Deshalb versucht er, eine Art Kontinuität

herzustellen. Er demonstriert, dass es genug Gemeinsamkei-
ten gibt zwischen den Alten und den Jungen, sofern sie
nur das gemeinsame Ziel nicht aus den Augen verlieren. Jakobs hat keinen Trost anzubieten, er führt den Abgang der
alten Generation mit aller Härte vor. Das Abrupte dieses
Wechsels wird um so deutlicher, als die jüngste Generation
offensichtlich kein Verständnis für diese Art von Leistungsgesellschaft aufbringt.

Angesichts dieser Tatsache hütet sich Jakobs vor Prognosen,
auch vor indirekten und impliziten. Wie die Zukunft beschaffen sein wird, lässt er völlig offen. Steinberg, um Kontinuität bemüht, will für die Zukunft vorbauen; er will ver-
hindern, dass die menschlichen Qualitäten der alten Generation verloren gehen im tristen Grau des Computerzeital-
ters. Jakobs glaubt zwar an die Notwendigkeit der Leistungsgesellschaft, doch er zweifelt, ob die Menschen ihr gewachsen sein werden. Er zieht aber keine Konsequenzen daraus, sondern biegt das Problem ins Private um: Der Ausbruch des Sohnes aus der Leistungsgesellschaft wird lediglich als Folge menschlichen Versagens der Familie Radek
betrachtet. Der Kernproblem: die Frage, nach Sinn und Ziel
der gesamten Entwicklung, wird auch von ihm nicht explizit
gestellt.

d) Unzufrieden mit dem Bürokratismus und Oppertunismus der
DDR-Gesellschaft zeigen sich die Autorinnen Gerti Tetzner
und Brigitte Reimann. Der einmalige revolutionäre Akt der
Vergesellschaftung der Produktionsmittel reicht nicht aus;
die Beziehungen der Menschen untereinander müssen grundle-
gend verändert werden:

"Unsere Zeit kommt nicht lange mit Göttern wie Wirtschaft
und Technik aus. Wirklicher Fortschritt ist nicht mehr zu
trennen vom Format menschlicher Persönlichkeiten, diesem
ganzen subjektiven und moralischen Bereich des Menschen."
(Gerti Tetzner)

Beide erheben ihre Forderungen mit grosser Selbstverständ-
lichkeit. Sie wollen ernst machen mit dem, was sie als ab-

strakte Theorie gelernt und offensichtlich verinnerlicht
haben: dem Sozialismus.

2) Affirmativer und gesellschaftskritischer Roman:

Der DDR-Roman ist noch immer Entwicklungsroman; noch immer
geht er zurück in die Kriegs- und Nachkriegsjahre; noch immer
erscheint die Gegenwart hell auf diesem dunklen Hintergrund.
Selbst wo der erzählerische Hauptakzent auf einem speziellen
Konfliktfall der Gegenwart liegt, versäumt der Autor doch nie,
das Gewordensein seiner Gestalten deutlich zu machen. (Dies
gilt beispielsweise auch für Erpenbeck "Alleingang", wo die
Vergangenheit unauffällig, aber um so wirkungsvoller in die Gegenwart hineinreicht in Gestalt der Freundschaft zwischen Professor Berger und dem Minister Worcinsky.) Noch relevanter ist
die Einbeziehung der Vergangenheit in den Romanen, die den
Selbstfindungsprozess eines Menschen zum Inhalt haben: Gatt,
Groth oder Franziska Linkerhand sind nur zu verstehen, wenn
man weiss, welchen Weg sie zurückgelegt haben. Sie sind Produkte nicht nur ihrer Vergangenheit, sondern mehr noch ihrer
Vergangenheitsbewältigung. Trotz verpfuschter Anfänge haben
sie etwas aus sich gemacht; sie leben nicht nur in einer sozialistischen Gesellschaft, sondern sie sind Sozialisten geworden.

Konstitutives Moment aller bisherigen Entwicklungsromane ist
die grundsätzlich für möglich und wünschenswert erachtete Übereinstimmung von Individuum und Gesellschaft. Während im "Ent-
scheidungsroman" das Individuum sich freiwillig in den Rahmen
der neuen Ordnung fügte, wird im "Ankunftsroman" eine Transformation der Gesellschaft notwendig; der Protagonist bemüht
sich um die Durchsetzung neuer Ideen (oder Produktionsverfah-
ren) und findet dabei die mehr oder minder effektive Unterstützung seiner Partei.
Seit Beginn der wissenschaftlich-technischen Revolution wird
eine neue Diskrepanz zwischen Individuum und Gesellschaft
sichtbar, die als Konflikt zwischen "den Alten" und "den Jungen"
auftritt.   Wo das Individuum die Selbstanpassung an die
rasch sich wandelnde Gesellschaft versäumt, bleibt ihm nur
der freiwillig-unfreiwillige Rückzug. Der Lernfähige findet

dagegen zu einem neuen Konsensus; er bejaht die gesellschaftliche Dynamik und ist bereit, mit ihr Schritt zu halten.
Diesen affirmativen "Anpassungs-" (bzw. "Nichtanpassungs"-)
Romanen steht diametral gegenüber ein völlig neu entstandener
Typus, dessen Protagonisten nicht den Einklang mit der Gesellschaft suchen und die sich im Laufe ihres Entwicklungsprozes-
ses in eine Position begeben, die keinesfalls nach einem Kom-
promiss aussieht, sondern eher wie eine Herausforderung an die
Gesellschaft. Sie kritisieren nicht das rasche Tempo der gesellschaftlichen Veränderungen, sondern bedauern, dass es nur
beim rein wirtschaftlichen Fortschritt bleibt. Beide Protagonistinnen stellen sich selbst eine schwierige, aber gesellschaftlich notwendige Aufgabe, und nur ihrem unerschütterlichen
Optimismus ist es zu verdanken, dass sie nicht von vorn herein
resignieren, sondern eine Realisierung ihrer Pläne für möglich
halten.
Der Gegensatz zwischen affirmativen und gesellschaftskritischen
Romanen prägt sich auch in der Typisierung bzw. Individuali-
sierung der Personen aus: Gatt "verkörpert" die Arbeiterklasse, Peter Legion die "Pioniere" der schweren Aufbaujahre, David Groth ist der Prototyp des sozialen Aufsteigers und "frei-
schwebenden" Intelligenzlers, und Holstenbrock repräsentiert
den modernen Wissenschaftler. Wenn auch keine dieser Gestalten ganz ohne Individualität gekennzeichnet ist, so dominieren
doch die typischen Züge; am stärksten bei Gatt, am wenigsten
bei Legion, was auf dessen Verwurzelung in der "wildbewegten"
Pionierzeit zurückzuführen sein mag.
Demgegenüber sind Franziska Linkerhand, Karen Waldau oder Herr-
mann Radek primär Individuen, wenn auch ihre Probleme nicht ohne gesellschaftliche Relevanz sind. Das mag damit zusammenhängen, dass sie (bzw. ihre Autoren) jünger sind als die anderen;
als sie herangewachsen waren, fanden sie eine bereits geformte
Gesellschaft vor, mit der sie sich auseinanderzusetzen hatten.
Diese Anti-Haltung verhinderte die vorschnelle Subsumierung
unter einen bestimmten Typus. Er verhinderte auch die - ten-
denzielle - Identifikation mit der Gesamtgesellschaft, die
vor allem die Helden der Romane Kants kennzeichnet.

Auf diese Weise bleiben auch die Protagonisten der gesell-
schaftskritischen Romane vor nostalgischer Verklärung der
Vergangenheit bewahrt. Die vollsaftigen Anekdötchen aus der
Zeit vor dem XX. Parteitag, als die Welt noch in Ordnung und
Freund und Feind leicht zu trennen waren, sind für sie Vor-
vergangenheit; "Steinzeit", spottet Franziska Linkerhand. Die
Gegenwart hat ihre eigenen Probleme. Während die affirmativen
Romane sich des öfteren in der Rückschau verlieren, gewinnt
der Leser bei der Lektüre der Romane von Brigitte Reimann und
Gerti Tetzner den Eindruck, als beginne jetzt erst das eigent-
liche Leben.

3) <u>Zukunftsaussichten:</u>

"Es wird weitergehen" - so die Quintessenz aus Neutschs und
Kants Romanen. Die dynamische Leistungsgesellschaft im Zeitalter der wissenschaftlich-technischen Revolution wird grundsätzlich bejaht. Die Helden, die das Lernen gelernt haben und
zur permanenten Selbstanpassung bereit sind, fragen nicht nach
dem Wohin. Ihnen genügt es zu wissen, dass die Entwicklung
nicht stehenbleibt. Trotz aller Bejahung des Fortschritts
bleibt ihre Position konservativ: Es soll so weitergehen, wie
es bisher weitergegangen ist. Prinzipielle Änderungen stehen
nicht zur Debatte.
Steinberg und Erpenbeck befassen sich zwar mit der Krise des
optimistisch-wissenschaftsgläubigen Weltbilds, aber sie ver-
sichern emphatisch, es werde weitergehen, und mit Hilfe der
Partei werde sich auch ein Weg finden lassen. Jakobs fragt
demgegenüber skeptisch, wohin der Weg gehen werde. Er beschreibt
die "Sackgasse" eines Wissenschaftlers angesichts der Schwierigkeiten in der Praxis. Die Lösung, die er findet, trägt
allerdings den Stempel der Borniertheit und ist daher nicht
verallgemeinerbar.
"Es muss anders werden", so wird in den Romanen von Brigitte
Reimann und Gerti Tetzner plädiert. Man muss etwas dafür tun,
dass es anders wird. Die Heldinnen, jung und aktiv, engagieren
sich spontan für ihre Sache. Ihr Vertrauen auf gesellschaftliche Organisationen scheint gering zu sein, sie ziehen die
Eigeninitiative vor. "Fortschritt" heisst für sie Veränderung,
nicht Anpassung an "Sachzwänge" wie bei Neutsch oder Steinberg.
Die angeblich so dynamische Gesellschaft wird in ihren Augen
durch Opportunismus oder Bürokratismus gelähmt; Karrierismus
oder Einschüchterung haben die Phantasie getötet. Die Protagonistinnen der beiden Romane scheuen dagegen nicht vor dem Engagement zurück. Als einzelne, ohne politischen Rückhalt, treten sie für ihre Forderungen ein. Dieser Sachverhalt muss den
Leser am meisten verblüffen. Zwei junge Marxistinnen, aber ohne Parteibuch, übernehmen freiwillig eine Aufgabe, die eigentlich nur von einer ganzen Generation gelöst werden könnte. Sie

erkennen als ihr eigenes Problem, woran die anderen gleich-
gültig vorübergehen. Beiden wird ausgeprägtes Verantwortungs-
gefühl nachgesagt, das fast bis zum Schuldkomplex auswachsen
kann. In gewisser Weise entsprechen sie den politischen Einzel-
kämpfern, die vor allem in der "Ankunftsliteratur" immer wieder beschrieben werden (z.B. Meternagel im "Geteilten Himmel"
oder Ole Bienkopp in Strittmatters gleichnamigem Roman), die
"statt" der Partei freiwillig gesellschaftliche Aufgaben übernehmen und sich selbst dabei nicht schonen.[1] Franziska Linkerhand oder Karen Waldau berufen sich aber auf keinen Parteiauftrag; sie handeln in eigener Verantwortung, souverän und furcht-
los, wenn auch recht naiv, sowohl was ihre Aufgabe als auch
was deren politische Durchsetzbarkeit betrifft. Es sind eher
mittelfristige Aufgaben (von ihnen selbst freilich als kurzfristige betrachtet), die sie in Angriff nehmen. Langfristige gesellschaftliche Perspektiven gehen ihnen ab. Was sie be-
schäftigt, ist die Veränderung des menschlichen Zusammen-
lebens. Selbst ökonomisch desinteressiert (und voll Verachtung
für die "Haben-Menschen"), erkennen sie die Begrenztheit nur
ökonomischer Reformen, sie fordern den Primat des zwischen-
menschlichen Lebens vor dem reinen Zweckdenken.

---

1) Vgl. dazu S. 86 dieser Abhandlung.

4) Klassenlage und soziale Tabus

Die meisten der hier analysierten Romane spielen im Milieu
der akademischen Mittelschicht; zumindest tritt diese (wie bei
Steinberg oder Neutsch) als gewichtiger Faktor in Erscheinung.
Die "Intelligenz", die in der DDR-Soziologie eine diffuse
Existenz "Zwischenschicht" führt[1], erweist sich literarisch
als recht ergiebig. Das hängt weitgehend mit der getroffenen
thematischen Auswahl zusammen: die wissenschaftlich-technische Revolution rückt die Kopfarbeit in den Mittelpunkt. Intellektuelle sind die Träger des gesellschaftlichen Fortschritts. In diesem Bereich fallen die wichtigen Entscheidungen; den Arbeitern bleibt im wesentlichen eine ausführende
Funktion. Indirekt wird damit das Verhältnis der Arbeiterschaft
zur Intelligenz tangiert. Da zudem viele der literarischen
Protagonisten ehemalige Arbeiter sind, die den individuellen
Aufstieg geschafft haben, stellt sich das Problem in potenzier-
ter Form.
Der Bergarbeiter Gatt, der zum Redakteur avancierte und dann
wieder Arbeiter wurde, soll mit seiner Person die Identität
von Arbeiterklasse und Intelligenz demonstrieren. Welche
Position er am Schluss einnimmt, ist nicht genau zu erkennen,
aber es ist auch nicht mehr relevant. Gatt hat mit Hilfe der
Partei das Lernen gelernt und wird, ob als Arbeiter oder als
Intellektueller, daran festhalten.
Sein Redakteurskollege David Groth, dessen Karriere nicht unterbrochen wurde, plagt sich mit Zweifeln über das Verhältnis der beiden Bevölkerungsgruppen zueinander; er tröstet
sich damit, dass er auch als Intellektueller, der er geworden
ist, für die Arbeiter tätig sein und damit eine - wenn auch
mittelbare - Identität mit der Arbeiterklasse bewahren kann.

Peter Legion, der Nicht-Intelligenzler, scheitert an seiner

---

1) "DDR-Handbuch", a.a.O., Artikel "Intelligenz, S. 431.

mangelnden Qualifikation; der Gegensatz zwischen dem hemdsär-
meligen Chef, der mit seinen Arbeitern auf Du und Du steht,
und der neuen akademischen Führungsgarnitur ist unübersehbar
und wird vom Autor deutlich als Negativum empfunden. Daher
Steinbergs Versuch eines Kompromisses, der aber nicht zu überzeugen vermag. Die exakt beschriebene, vom Autor keinesfalls
verschwiegene Diskrepanz zwischen den beiden Bevölkerungsgruppen überwiegt im Bewusstsein des Lesers.
Auch der zum Intellektuellen aufgestiegene Radek in Jakobs'
"Interviewern" leidet an Entfremdungserscheinungen, die er
aber - im Gegensatz zu David Groth - nicht mit Parteiparolen
niederkämpft. Die Diskrepanz zwischen produktiver und dispositiver Arbeit ist unübersehbar; Radek entwickelt bisweilen ein
schlechtes Gewissen angesichts der unzulänglichen Arbeitsbedingungen, aber er zieht daraus keine Konsequenzen.
In Erpenbecks Roman taucht nur ein einziger nichtakademischer
Mitarbeiter auf. Ihm werden fast klischeehaft die proletarischen
Tugenden des gesunden Menschenverstandes und der politischen
Bewusstheit zugeschrieben, und er spricht ganz direkt aus, was
die anderen nicht zu sagen wagen. Ansonsten bleibt diese Aka-
demikergesellschaft unter sich; das Verhältnis zur Arbeiterklasse stellt sich nirgends.
Die beiden Autorinnen Brigitte Reimann und Gerti Tetzner
schicken ihre akademisch gebildeten Heldinnen ins Arbeitsleben.
Karen Waldau lernt die Probleme der Landwirtschaft am eigenen
Leibe kennen, und Franziska Linkerhand macht ihre Erfahrungen
mit Bauarbeiterinnen. Beide beschönigen nicht die Deformation
der Menschen durch die harte Arbeit. Die angeblich herrschenden
Klassen der DDR schuften nach wie vor, und ihr geistiger und
körperlicher Lebensraum ist so eng wie eh und je.
Zwischen den Akademikerinnen und den Arbeiterinnen bzw. Bäue-
rinnen gibt es nur einzelne Berührungspunkte. Von einer Identität ist nicht die Rede. Beschämt erkennen die beiden Akademikerinnen ihren privilegierten Status. Karen versucht ihn
durch schwere körperliche Arbeit zu kompensieren, während Franziska sich zugunsten der Arbeiter engagiert: durch den Ausbau
eines Stadtzentrums will sie den Arbeitern, vor allen der

Arbeiterjugend, die Möglichkeit einer menschenwürdigen Freizeitgestaltung verschaffen.

Damit verletzen beide Autorinnen zwei Tabus der offiziellen
DDR-Soziologie: Sie decken die Diskrepanz zwischen produktiver
und dispositiver Arbeit auf, und sie machen die fortdauernde
Auspowerung der Arbeiterklasse (bzw. die bevorzugte Stellung
der Intelligenz) sichtbar. Das harmonische Bild einer scheinbar homogenen Gesellschaft, wie es vor allem in den letzten
Jahren der "Ära Ulbricht" mit Vorliebe gemalt wurde, zeigt Risse.

Die bereits erwähnte Tendenz zur Typisierung in der affirmativen Literatur von Neutsch bis Erpenbeck mag mit der Ver-
schleierung gesellschaftlicher Gegensätze zusammenhängen.
Kants David Groth kann beispielsweise die Gruppe der "Aufsteiger" repräsentieren, solange gewährleistet scheint, dass
diese Schicht durch keinerlei Interessengegensätze von der
übrigen Bevölkerung (in erster Linie von den Arbeitern) getrennt wird. Vielmehr kann der Aufsteiger Groth sich in gewisser Weise als Repräsentant der gesamten DDR-Gesellschaft
empfinden, da - nach offizieller Version - der Aufstieg jedem
Tüchtigen offensteht. Wo jedoch, wie bei Brigitte Reimann oder
Gerti Tetzner, die reale Privilegierung oder Unterprivilegierung gezeigt wird, verzichten die Autoren auf Typisierung:
Karen Waldau oder Franziska Linkerhand stehen nur für sich
allein; jede Parallelisierung mit der gesamtgesellschaftlichen
Entwicklung wird vermieden.

5) Die Funktion der Partei

Am deutlichsten (und wahrscheinlich auch am wahrheitsgetreue-
sten) wird die Aktivität der Partei in Steinbergs "Pferdewechsel" geschildert. Die Partei fällt die Entscheidung über
Legions vorzeitigen Rücktritt. Steinberg verherrlicht die Partei keinesfalls; ihre Vertreter sind nicht frei von menschlichen Schwächen. Aber er schreibt ihnen eine entscheidende
Fähigkeit zu: Weitblick. Im Zeitalter des raschen Fortschritts
ist die Prognose von besonderer Bedeutung. Die These, dass der
Partei eine Führungsrolle auf dem Weg in die Zukunft zukomme,
wird hier umgesetzt auf die Ebene des betrieblichen Alltags,
wo der Parteisekretär einerseits über Herrschaftswissen verfügt und andererseits ein gewisses Quantum an Menschenkennt-
nis besitzen sollte. Beide zusammen ergeben die erwähnte pro -
gnostische Fähigkeit, die aber nur in Verbindung mit gesellschaftlich institutionalisierter Herrschaft relevant wird.
Steinberg demonstriert, dass die Partei nicht nur das Wissen,
sondern auch die Macht besitzt und von beiden Gebrauch macht.
Legion ist selbstverständlich Parteimitglied, aber das bewahrt ihn nicht davor, in die Wüste geschickt zu werden.

Auch bei Erpenbeck wird die Partei zum eigentlichen Aktions-
zentrum des Romans. Aber es ist nicht die Partei als Institu-
tion: Einerseits soll der junge, idealistische Genosse Holstenbrock die Parteilinie am Institut durchsetzen; andererseits
rückt der weise Genosse Worcinsky als Deus ex machina die
Dinge wieder zurecht. In beiden Fällen tritt der Parteiapparat
nicht in Erscheinung. Die Partei manifestiert sich nur
in diesen beiden Persönlichkeiten (neben einigen anderen
Genossen); von den Machtmitteln der Partei ist nirgend die
Rede.
Noch stärker mystifiziert wird die Partei bei Kant und Neutsch.
Es treten Gestalten auf, die die noch recht unerfahrenen Protagonisten bei der Hand nehmen und ihnen den Weg weisen. Der
Botenjunge David Groth identifiziert die Partei zeitlebens
mit der mütterlichen Altkommunistin Johanna Müntzer oder

einigen Veteranen der Antifa-Epoche. Was später aus der Partei
wurde, nimmt er offensichtlich nicht zur Kenntnis. Von sich
selbst sagt er, er brauche nur dem "Peilton des Leitstrahls"
zu folgen und es werde bestimmt ein gutes Ende mit ihm nehmen.[1] Welche gesellschaftlichen Steuerungsmechanismen sich
hinter diesem Bild verbergen, wird nicht expliziert.
Groth jedenfalls folgt gehorsam dorthin, wohin er gewiesen
wird. Noch stärker ins Symbolische überhöht erscheint "die
Partei" bei Neutsch. "Die Partei" (alias Jeremias Weisbecher)
besitzt Weitsicht, aber sie kann sich trotzdem irren; sie kann
im falschen Moment zu hart oder zu weich sein. Das sind jedoch
historische Irrtümer, die nun überwunden sind. Wenn Partei
und Arbeiterklasse endgültig zusammengefunden haben, sind sie
unüberwindbar. Dass für die realen Erscheinungsformen einer
modernen Massenpartei in diesem Roman kein Platz ist, liegt
auf der Hand.
Bezeichnenderweise tritt im gesellschaftskritischen Roman von
Jakobs die Partei überhaupt nicht in Aktion. Dies ist um so
auffälliger, als gerade Jakobs in seinem Erstlingsroman "Beschreibung eines Sommers" auf die Pionierrolle der Partei hingewiesen hatte; sein Verhältnis zu dieser allmächtigen Insti-
tution war jedoch zwiespältig geblieben, so dass der Leser
nicht eindeutig entscheiden konnte, ob hier die Partei wegen
ihrer Macht über die Menschen bewundert oder gefürchtet
wurde.[2] In den "Interviewern" scheint die Partei überhaupt
nicht mehr zu existieren; sie beeinflusst das Geschehen oder
die Entscheidungen des Protagonisten Radek weder im positiven
noch im negativen Sinn.
Ähnliches gilt für die Romane von Brigitte Reimann und Gerti
Tetzner. Obwohl zumindest im Falle von Karen Waldau die Partei
die hemmende Kraft darstellt, die Peters fast zur Resignation
zwingt, wird sie als solche nicht erkannt. Nur von übelwollen-
den Neidern oder Karrieristen ist die Rede. (Eine ähnlich

1) Kant. a.a.O., S. 413.
2) Zu "Beschreibung eines Sommers" vgl. Gerlach, Bitterfeld,
   a.a.O., S. 120 ff.

vorsichtige Haltung legten die Autoren Anfang der sechziger
Jahre an den Tag, wenn sie stalinistische Auswüchse kriti-
sierten.) Franziska Linkerhand bekommt ihren eigentlichen Gegner noch weniger zu fassen.
Gegen wen sollten Franziska oder Karen kämpfen? Wo ist der
Bürokratismus, der Opportunismus, der Konformismus lokali-
siert? Es sind gesamtgesellschaftliche Phänomene, aber ihre Ursache liegt dort, wo das Zentrum der politischen Macht zu
finden ist. Da die beiden Protagonistinnen dies nicht begreifen (oder vielleicht auch nicht zu begreifen wagen), kämpfen
sie letztlich gegen Windmühlen.

6) Zur literarischen Form

Der "sozialistische Realismus" als literarischer Einheitsstil
existiert nicht mehr; spätestens seit der "Tauwetterperiode"
in der ersten Hälfte der sechziger Jahre hat er einem - wenn
auch begrenzten - Pluralismus von Schreibweisen Platz gemacht. Für den Roman bedeutet das: Neben Werken, die die Phantasie des "impliziten Lesers" (W. Iser) voraussetzen, werden immer noch Romane verfasst, in denen ein allwissender Erzähler
dem Leser nicht nur jedes Detail schildert, sondern auch noch
die Wertung mitliefert. Welche Erzählweise ein Autor wählt,
ist jedoch nicht nur eine Frage des individuellen Geschmacks,
sondern steht im Zusammenhang mit der Intention des Werks.

a) So erscheint es nicht überraschend, dass die didaktischen
   Romane von Steinberg und Erpenbeck, die ein praktisches Modell zur Lösung von Konflikten anbieten, einem eher konser-
   vativen Erzählstil verhaftet sind. Das mag zum einen auf
   das potentielle Zielpublikum (eine möglichst breite Bevöl-
   kerungsschicht) zurückzuführen sein, zum anderen aber auch
   darauf, dass die Problemstellung - der isolierte Konflikt -
   noch den sozialtechnisch orientierten Prinzipien der späten
   "Ära Ulbricht" entspricht. Fest umrissene Charaktere, eine
   handfeste "Story" sowie exakte Detailbeschreibungen sollen
   den Anschein grösstmöglicher Realitätsnähe vermitteln. Die
   pädagogische Absicht manifestiert sich im lückenlosen Be-
   wertungsschema, nach dem jede Handlung der Protagonisten
   mit Zensuren versehen wird. Wenn auch kein persönlicher Erzähler auftritt, so werden doch durch Vorgriffe die mittelbare und unmittelbare Konsequenz einer jeden Handlungsweise
   im voraus aufgezeigt, so dass der Leser nicht nur dem Gang
   der Handlung mühelos folgen, sondern ihn auch jederzeit im
   Sinne des Verfassers interpretieren kann. - Im Vergleich
   mit Erpenbecks Opus muss Steinbergs Roman ein höherer Grad
   an Lebendigkeit zugebilligt werden. Das liegt nicht zuletzt
   in der Person des Peter Legion begründet, der als Vertreter
   der alten Generation ungleich "origineller" wirkt als der

von fortschreitender Spezialisierung gezeichnete, alles
in allem recht farblose Frank Holstenbrock als Exponent
der Nachwuchsgeneration.
Sprache und Aufbau beider Romane sind, entsprechend der didaktischen Grundabsicht, recht einfach und übersichtlich
gehalten. Dem Leser bleiben stilistische Überraschungs-
momente erspart. Nur zahlreiche schmückende Adjektive sorgen für literarische Überhöhung, ansonsten halten sich
die Autoren an die Alltagssprache.

b) Ungleich ambitionierter zeigen sich Neutsch und Kant als
Autoren zweier Lebensgeschichten. Weitausholend wird die
Entwicklung eines Menschen, werden seine Siege und seine
Niederlagen erzählt. Von der erzähltechnischen Simplizi-
tät der sozialtechnisch orientierten Literatur sind beide weit entfernt. Ihre durch Einschübe und Rückblenden
vielfach gebrochene Erzählweise macht deutlich, dass "die
Wahrheit" nicht einfach auf der Hand liegt, sondern als
Resultat eines mühevollen Prozesses zu betrachten ist.
In auffälligem Gegensatz zur schlichten Sprache der Romane von Steinberg und Erpenbeck steht auch die kunstvol-
le Diktion: ein Feuerwerk an Wortspielen bei Kant; eine
stark ins Symbolische überhöhte Bildersprache bei Neutsch.

Kants brilliante Rhetorik will den Leser in ihren Bann
ziehen. Mit Witz und Ironie, manchmal freilich in be-
denklicher Nähe zum Kalauer, produziert sich der - angeblich nachdenkende - David Groth als virtuoser Sprach-
artist. Vor allem in den reflektierenden Passagen am
Anfang und Schluss geht die Argumentation bisweilen in
den entfesselten Wortkaskaden unter. Man kann sich des Ein-
drucks nicht erwehren, dass Groth (und damit Kant) auf
diese Weise ihre eigenen Zweifel "niederreden". Immerhin
vermeidet Kant das schwer erträgliche Pathos Neutschs und
dessen oft penetrante Symbolik: Schneller Perspektiven-
wechsel und überraschende Pointen fesseln den Leser, den
bei Neutsch bald ein gewisser Überdruss ergreift. Wo
Kant seiner Neigung zu humorvoller Verniedlichung

widersteht, gelingen ihm ernsthafte Erzählungen (wie die
von Schwester Turo), die sich dem Leser tief einprägen.
Beide Romane tragen bekenntnishaften Charakter. Sie sind
ihrer Anlage nach Ich-Romane, Beichte oder Bilanz, manchmal beides zugleich. Aber in beiden Romanen setzt sich
die Tendenz zum auktorialen Erzählen durch. Der "Chronist", der zunächst Gatts authentische Lebensbeichte re-
ferierte, schiebt ihn bald hinweg[1] und übernimmt souverän die Rolle des allwissenden und allbewertenden Erzählers; dass er mit hinreichenden Informationen versorgt
wird, dafür sorgt der stets hilfreiche Zufall. - Auch
David Groth, der Beginn und Schluss seines Lebensrückblicks
aus der Ich-Perspektive vorträgt, zieht im umfangreichen
Mittelteil die auktoriale[2] Erzählweise in der dritten Person vor. Vielleicht hilft ihm dieser "Trick", die Bedenken gegen das Ministeramt zu bannen. Was in der ersten
Person subjektiv - unverbindlich geblieben wäre, erhält
durch die auktoriale   Erzählweise den Charakter grösserer Objektivität.

c) Im Gegensatz zu allen bisher aufgeführten Romanen nähern
sich Jakobs' "Interviewer" dem personalen Erzählstil.[3]
Berichtet wird überwiegend aus der Sicht Radeks. Allerdings fehlen innerer Monolog oder erlebte Rede, und zwar
deshalb, weil nur selten ein Blick in Radeks Gedankenwelt
freigegeben wird. Meist beschränkt sich der Autor auf die
Wiedergabe der Gespräche oder die Beschreibung der Handlungsweise seines Protagonisten. Insofern erinnert das
Werk an den "Objektivismus" des nouveau roman. Auch die
exakte Detailbeschreibung (aber ohne jede Bewertung), die
bisweilen zum Konkretismus zu erstarren droht, verweist
auf dieses Vorbild. Was in Radeks Innern vorgeht, muss

---

1) "Doch Gatt soll nun schweigen" (Neutsch, a.a.O., S. 77).
2) Nach der Terminologie Stanzels.
3) Gleichfalls nach der Terminologie Stanzels.

sich der Leser selbst erschliessen.

Thematisch ist der Veränderungsprozess des Perfektio-
nisten, der die menschliche Unzulänglichkeit als Faktor
einzukalkulieren lernt. Aber diese Wandlung lässt sich
nur indirekt verfolgen; erst am Schluss erfährt man von
Radeks tiefer Resignation. Der Autor vermeidet jeden An-
reiz zur Identifikation des Lesers mit seinem Protagonisten; Radek ist gleichsam nur Objekt in einer komple-
xen Versuchsanordnung. Kühl und distanziert referiert
Jakobs dessen Verhaltensweise. Während Steinberg und
Holstenbrock dem Leser nicht die Spur eines Zweifels erlauben, welches Verhalten richtig sei, fehlt bei Jakobs
ein moralisierendes Koordinatensystem. Der Leser, ratlos,
kann nur versuchen, aus dem Verhalten des "Objekts" seine Schlüsse zu ziehen; ob er damit die Intention des Autors trifft, ist nicht garantiert. - Noch mehr verun-
sichert wird er durch überraschende Schnitte, Szenenwech-
sel, Rückblenden, Einschübe etc., deren Funktion erst
aus der Kenntnis des ganzen Werkes deutlich wird. Die
Tatsache, dass Jakobs keine pädagogischen Absichten verfolgt, äussert sich nicht zuletzt darin, dass er auf den
potentiellen Leser keinerlei Rücksicht nimmt.

d) Auch Brigitte Reimann und Gerti Tetzner sind frei von
pädagogischen Ambitionen, aber sie besitzen ein Konzept.
Das rückt sie, bei allen inhaltlichen Differenzen, doch
wieder formal in die Nähe der didaktischen Literatur.
Vom Bauprinzip her weisen die stark biographisch angelegten Romane eine Verwandtschaft mit den Werken von Kant und
Neutsch auf: Ein Individuum in "kritischer" Situation legt
ein Bekenntnis ab, es zieht eine Bilanz, es berichtet,
wie es zu dem geworden ist, was es heute darstellt. Die
einzige "Objektivität", die dieser Situation adäquat ist,
ist die radikale Subjektivität, die das eigene Innere
rückhaltlos erforscht. Kant versucht dies zwar auch in
verschiedenen Ansätzen, aber erst Brigitte Reimann und
Gerti Tetzner halten diese Offenheit uneingeschränkt

durch. Sie verzichten auf den auktorialen Gestus : wenn
sie werten - und sie werten ständig -, wird deutlich, dass
es ihre individuelle Wertung ist, die keinen Anspruch auf
Allgemeingültigkeit erhebt.
Die Ich-Erzählung lädt zur Identifikation ein, damit zur
Distanzlosigkeit gegenüber den Protagonisten. Gerti Tetzner, die scheinbar "direkt" erzählt, kann dieser Gefahr
kaum entgehen. Demgegenüber legt Brigitte Reimanns Heldin
ihre Beichte aus der Rückschau ab. Sie fordert zwar zur
Identifikation auf, setzt aber aus der Distanz der gereif-
teren Persönlichkeit Warnzeichen oder gibt Hinweise auf
früheres Fehlverhalten. Bisweilen wechselt sie auch - sogar mitten im Satz - in die dritte Person über, um ebenso
rasch wieder zur Ich-Erzählung zurückzukehren. Darin ist
offensichtlich der Versuch zur Objektivierung zu sehen: Franziska Linkerhand zeigt sich, wie andere sie gesehen haben
mögen oder wie sie sich selbst aus der Rückschau sieht.
Beide Protagonistinnen sprechen ausführlich über sich
selbst und ihre Gefühle. Selbst Intimstes wird offen dargelegt. Ein gewisser Hang zur Sentimentalität ist unverkennbar. Auch in sprachlicher Hinsicht wird der Kitsch
nicht immer vermieden; Liebesszenen, Sehnsuchtsgefühle
oder Einsamkeit drücken sich in einer Sprache aus, die -
manchmal wortwörtlich - vom Schlager geprägt wird. Von
Kants brillianter Rhetorik, von Neutschs forcierter Sym-
bolisierung ist hier nichts zu spüren; es bleibt alles in
der Nähe der Alltagssprache, sofern es sich nicht von ihr
durch Emotionalität unterscheidet. Von Jakobs unterkühl-
ter Distanz trennen sie Welten.

Zusammenfassend lässt sich deutlich ein Typus der affirmativen Literatur erkennen, der sich - auch formal - von der
gesellschaftskritischen abhebt: Die individuellen Züge der
Protagonisten treten zurück zugunsten der Repräsentanz gesellschaftlicher Gruppen (der Held als Vertreter der Arbeiterklasse etc.) Eine mehr oder minder stark rückwärts
gewandte Erzählweise verleiht dem Werk trotz verbaler

Fortschrittsgläubigkeit ausgeprägte nostalgische Züge. Die gesellschaftliche Harmonie wird stark betont, und der Held, obwohl er eine bestimmte gesellschaftliche Gruppe repräsentiert,
strebt nach Übereinstimmung mit dem Ganzen. Die Rolle der Partei als Schrittmacher des gesellschaftlichen Fortschritts wird
hervorgehoben. Und schliesslich zeichnet sich eine Tendenz zum
auktorialen Erzählstil ab, der der Phantasie des Lesers keinen
Raum übriglässt und durch ständige Kommentierung die Rezeption
des Textes steuert.

Die Reihenfolge der analysierten Werke folgt systematischen
Prinzipien: Von der politischen Orthodoxie (Kant, Neutsch)
über den Zweifel (Jakobs) bis zum Protest. Diese Anordnung soll
keine historische Entwicklung nachzeichnen; sie ist, bei geringen zeitlichen Differenzen, eher synchron als diachron.

Alle behandelten Werke sind Beispiele. Aussagen über ihre Relevanz im Rahmen der DDR-Literatur sind im Rahmen dieser Abhandlung nicht möglich. Erst eine Untersuchung der gesamten DDR-Literatur könnte Aufschlüsse darüber ergeben, wieviele Werke vom
Typ I (orthodox), Typ II (skeptisch) oder Typ III (kritisch)
einander gegenüberstehen. In diesem Zusammenhang soll die Auswahl der hier analysierten Romane erläutert werden. Entscheidend war das inhaltliche Kriterium. Ein Roman wurde aufgenommen, wenn er das Problem des Fortschritts thematisierte. Im
Mittelpunkt stand die Frage, wie hier das Verhältnis der Menschen zu ihrer sich wandelnden Umwelt, zur Gegenwart und Vergangenheit beschaffen ist, welche Zukunftsvorstellungen zur
Sprache kommen. Nicht alle, aber einige der besprochenen Romane bemühen sich um die Darstellung einer historischen und gesellschaftlichen Totalität, um eine umfassende Deutung der Gegenwart in ihrer historischen Entwicklung. Bei anderen dominieren Einzelprobleme, deren gesamtgesellschaftliche Implikationen sich jedoch auch erschliessen lassen. Nicht nur die
Hoffnungen, auch die Ängste des Individuums, sein Verhältnis
zur leistungsorientierten, bürokratiegegängelten DDR-Gesellschaft manifestieren sich in diesem Romane. Dass dies relativ
offen geschieht, wird erst nachträglich erkennbar. Linientreue
ist noch nicht conditio sine qua non; Brigitte Reimann oder

Gerti Tetzner beweisen den Mut zum begrenzten Widerspruch.
Nicht alle der besprochenen Romane gehören zur anspruchsvollen
Literatur, auch die Gebrauchsliteratur ist vertreten (z.B. mit
Werner Steinbergs "Pferdewechsel" oder John Erpenbecks "Alleingang"). Beide Autoren sind, vermutlich aus qualitativen Gründen, dem bundesrepublikanischen Publikum bisher unbekannt geblieben, obgleich gerade sie breiten Leserschichten eher zugänglich sein müssten als die formal anspruchsvollen Werke von
Kant oder Brigitte Reimann. Diese Gebrauchsliteratur, wenn sie
auch als solche unschwer zu erkennen ist, trennt in der DDR
ein weniger hoher Graben von der "Literatenliteratur" als in
der Bundesrepublik. Sie ist gekennzeichnet durch ausgeprägte Konventionalität, vermeidet jedes formale wie inhaltliche
Experiment und trägt meist einen stark didaktischen Charakter.
Wegen ihrer Tendenz zur Vereinfachung erscheint sie besonders
geeignet, die herrschenden politischen Strömungen zu illustrie-
ren. Aus diesem Grund wurden auch einige Werke der Gebrauchsliteratur neben literarisch anspruchsvollen Werken in diese
Untersuchung aufgenommen.

IV. Epilog

1) Vorbemerkung

"Wenn man von den festen Positionen des Sozialismus ausgeht,
kann es meines Erachtens auf dem Gebiet von Kunst und Literatur keine Tabus geben." So Erich Honecker 1971, einige Monate
nach dem VIII. Parteitag der SED.[1] In der Tat: Die Tabus reduzierten sich, Restriktionen lockerten sich; Werke, die bisher nicht hatten veröffentlicht werden dürfen, erreichten nun,
manchmal mit mehrjähriger Verspätung, ihr Publikum. Als Pro-
be aufs Exempel erwiesen sich "Die neuen Leiden des jungen
W." von Ulrich Plenzdorf (1972), eine umfangreiche Erzählung,
die wieder einmal - nach Christa Wolfs "Geteiltem Himmel" und
Strittmatters "Ole Bienkopp" - republikweite Debatten auslöste, die die Fronten aufriss quer durch Partei, Staat und
Gesellschaft, und die trotzdem publiziert, verkauft, dramati-
siert, umjubelt und zum Bestseller erhoben wurde. Dass der
Streit um Blue Jeans als "Weltanschauung" mehr oder minder
offen ausgetragen werden durfte, kann als symptomatisch für
das relativ entspannte kulturpolitische Klima der frühen
siebziger Jahre betrachtet werden. War es die endlich erreichte politische Anerkennung der DDR, war es das anhaltende wirtschaftliche Wachstum, das sich zunächst noch fortsetzte, als
der Westen bereits mit der Rezession kämpfte und das als Gewähr einer besseren Zukunft galt? In der Kunst und Literatur
öffneten sich neue Möglichkeiten, neue Hoffnungen auf allmähliche gesellschaftliche Veränderungen wurden spürbar. Solange
der politische Rahmen nicht angetastet wurde, schien Kritik
möglich und sinnvoll. Nachträglich lässt sich feststellen,
dass Risse und Sprünge in diesem scheinbar harmonischen Bild
schon früh sichtbar geworden waren. Deutlichstes Indiz war der

---

1) Zitiert nach: Helmut Fischbeck (Hrsg.): Literaturpolitik
   und Literaturkritik in der DDR. Frankfurt/M. (1976),
   S. 103.

auf dem VIII. Parteitag vollzogene Verzicht auf die "Produktivkraft Wissenschaft" als Garant des gesellschaftlichen Fortschritts. Indem die Führungsrolle der Partei erneut akzentuiert
wurde musste die "technokratische" Rationalität des von Ulbricht inaugurierten "Systems des entwickelten Sozialismus"
der offenen Irrationalität weichen, die sich hinter dem aprio-
rischen Führungsanspruch der Partei verbirgt. Die Konsequenzen dieser Veränderung traten jedoch erst später zutage, als
die Massenloyalität, die nach dem VIII. Parteitag durch Ver-
breiterung der Konsummöglichkeiten gestärkt worden war, im Zuge der auf die DDR übergreifenden wirtschaftlichen Krise ins
Wanken geriet.

Die "Tendenzwende" in der Kulturpolitik der DDR begann mit einem Paukenschlag: der Exilierung Wolf Biermanns im November
1976. Repressionen gegen Biermann-Sympathisanten folgten; Ver-
haftungen, Ausbürgerungen, Parteirügen und -ausschlüsse kenn-
zeichneten das politische Bild dieses Spätherbstes und Win-
ters.

Beim 8. Schriftstellerkongress im Frühjahr 1978 erwies es sich,
dass die Wunden noch nicht vernarbt waren: Delegierte wurden
zurückgezogen und verzichteten freiwillig auf die Teilnahme.
Aus den verbalen Scharmützeln der Plenzdorf-Diskussion waren
politische Grabenkämpfe geworden, die längst nicht in der Öffentlichkeit ausgetragen wurden. Eine neue Parole, ein neuer
gesellschaftlicher Auftrag wurde jedoch auch auf diesem Kongress
nicht erteilt, so wenig wie zwei Jahre vorher auf dem IX. Parteitag der SED. Die einzige Weisung lautete "Geschlossenheit".
Zwar wurde die These vom "neuen Menschen des Sozialismus" niemals widerrufen, aber der Tugendkatalog dieser ursprünglich
"allseitigen" Persönlichkeit reduzierte sich auf eine einzige
Qualität, die der politischen Linientreue. Die seit dem VIII.
Parteitag vollzogene Entwicklung zum politischen Irrationalis-
mus leistete diesem Reduktionsprozess Vorschub: Je "umfassen-
der" diese Persönlichkeit konzipiert war, desto mehr ver-
blassten einzelne Eigenschaften. Die Entpolitisierung der Literatur, der Rückzug aus dem Bereich der Arbeitswelt, die Be-

tonung des "Allgemeinmenschlichen" - diese zunehmende Unver-
bindlichkeit des propagierten Leitbilds machte es möglich,
dass es, nahezu in sein Gegenteil verkehrt, die politische
"Tendenzwende" überdauerte. Literatur soll nicht mehr die Produktion fördern helfen, sie soll nicht mehr die Innovations-
bereitschaft vergrössern, sie soll mitnichten zur allseitigen
Entfaltung der Persönlichkeit verhelfen; sie hat nur noch eine
einzige Funktion: Sie soll den Leser politisch bei der Stange
halten. Wenn nunmehr Verstand und Gefühl gleichzeitig angesprochen werden sollen, dann allein in der Absicht, die politische Rechtgläubigkeit zu fördern.
Zu fragen ist nach den Ursachen dieser schroffen Veränderung.
Sie ist im wirtschaftlichen Bereich zu suchen, wo Energiekri-
se, Rohstoffknappheit (bedingt durch Devisenmangel) und steigende Preise die Wachstumsziffern in ungeahntem Ausmass retar-
dierten. Bot vordem das ständige Wirtschaftwachstum nicht nur
die Gewähr auf Loyalität der konsumorientierten Bevölkerung,
sondern auch die ideologische Grundlage für einen ständigen
Fortschritt hin zum Endziel des Kommunismus, so entzog die
aufkommende Rezession der politischen Führung die Legitimationsbasis gleich im doppelten Sinn.[1]
Bald zeigten sich die Konsequenzen: Der Verlust der Massenloyalität manifestierte sich in Unruhen und Schlägereien, die
oft im Zusammenhang standen mit Konsumproblemen (Versorgungs-
störungen, Exquisitläden etc.). Der theoretische Zweifel an
der Kompetenz der DDR-Führung und des von ihr eingeschlagenen
Weges trat am deutlichsten hervor in Rudolf Bahros "Alternative"; damit hatte die eigentliche politische Auseinandersetz-
zung begonnen - oder vielmehr, sie hätte beginnen können, wäre
sie nicht mit polizeistaatlichen Methoden niedergeschlagen

---

1) Als nicht unwahrscheinlich gilt, dass auch die verstärkten
   Westkontakte eines Grossteils der Bevölkerung ein auslösen-
   des Moment für die "Tendenzwende" in der Kulturpolitik darstellen, da sie die Furcht der politischen Führung vor
   "Aufweichung" und Subversion verstärken.

worden. Für politisch-gesellschaftliche Probleme in der Literatur war der Spielraum sehr eng geworden.

In der Tat: An literarischen Deutungen der Gegenwart herrscht in der DDR ein akuter Mangel. Es dominiert die Hinwendung zur Vergangenheit, sei es, dass man sich lieber mit den Zeiten befasst, in denen Gut und Böse, Falsch und Richtig noch eindeutig voneinander geschieden waren; sei es, dass man in den Fehlern und Unterlassungen der Vergangenheit die Ursache heutiger Miss-Stände sucht.

Ob gesellschaftskritische Literatur heute ihr Publikum erreicht, bleibt dem Zufall der jeweiligen Situation bzw. der obrigkeitlichen Willkür überlassen. Neben der offiziellen Literatur bildet sich offensichtlich eine zweite, apokryphe, die der abgelehnten Manuskripte, die dann teilweise den Weg in westdeutsche Verlage finden. Die Konflikte, deren Austragung die DDR-Führung nicht mehr glaubt gestatten zu dürfen, werden unterdrückt oder exiliert.

2) "Fluchtliteratur"

Auch der Inhalt der neuesten DDR-Literatur hat sich entscheidend verändert: Im Mittelpunkt steht nicht mehr der Fortschritt
- der der Gesellschaft verknüpft mit dem des einzelnen -, sondern die Flucht des einzelnen aus der Gesellschaft. Die Ursprün-
ge dieser literarischen Strömung reichen weit zurück bis in
die sechziger Jahre; sie blieb auch nicht auf die DDR beschränkt, sondern ordnete sich ein in die im gesamten Ostblock
vertretenen Spezies der sog. "Jeans-Prosa".[1] Als erstes bedeu-
tendes, in der DDR allerdings nicht bekannt gewordenes Beispiel
ist "Der Weg nach Obliadooh" von F.R. Fries (1966) zu nennen:
ein Roman vom Studentenleben, vom verbotenen Jazz, von der
(vergeblichen) Flucht aus dem bürgerlichen Alltag, aus Verantwortung und Leistungszwang. Unterschwellig lebte die Thematik
weiter, z.T. als Nebenthema verschiedener Romane, um dann 1972
mit Plenzdorfs "Neuen Leiden des jungen W." erneut - und dieses
Mal im vollen Rampenlicht - an die Öffentlichkeit zu treten.
Schneiders "Reise nach Jaroslaw" folgte bald (1974).
Noch waren es, und dies scheint symptomatisch zu sein, Jugendliche, die aus einer perfekt regulierten Leistungs- und Kon-
sumwelt ausbrechen, die nach individuellen Entfaltungsmöglichkeiten suchen, die sie nur im gesellschaftlichen Abseits finden können. Das Ende, die "Wiedereingliederung" in die Gesellschaft, ist jeweils vorgezeichnet (auch dort, wo sie wie bei
Plenzdorf, aus bestimmten Gründen nicht ausgeführt wird). Demgegenüber erscheint es bemerkenswert, dass seit Einsetzen der
Rezession in der DDR zwei Romane verfasst wurde, die die "Eva-
sion" von Erwachsenen zum Thema haben - ein planmässiges "Ent-
weichen" oder besser Sich-Absetzen, dem keine "Resozialisation"
folgt, sondern wo sich der Ausbrecher gegen die Gesellschaft
behaupten kann - wenn auch um den Preis erzwungener "Privatheit". Beide Bücher fielen unter die Gunst bzw. Ungunst der

---

1) Eine ausführliche Darstellung bietet Aleksandar Flaker in
   seiner Abhandlung "Modelle der Jeans Prosa. Zur literarischen Opposition bei Plenzdorf im osteuropäischen Romankontext." Kronberg/Ts. 1975.

Stunde: Während Erich Loests Roman "Es geht seinen Gang"[1] in beiden deutschen Staaten zugleich erscheinen durfte, wurden Jurek Beckers "Schlaflose Tage"[2] in der DDR zurückgewiesen, worauf der Autor die Publikation im Westen vorzog.

Beiden Romanen, die Mitte der siebziger Jahre spielen, ist gemeinsam, dass sie mit dem vielfach vorgezeichneten Schema des Fortschritts und Aufstiegs brechen. Simrock, Beckers Protagonist, provoziert konsequent den Konflikt, der ihn prompt aus seinem verantwortungsvollen Lehrerberuf herauskatapultiert. Er hat jedoch bereits für eine neue Basis gesorgt, er wird Arbeiter, später Fahrer in einer Brotfabrik. Mit dieser Tätigkeit sind keinerlei ideologische Implikationen verbunden; Becker liefert kein verklärtes Bild der Arbeiterklasse. Simrock weiss nur, dass er diese Arbeit - die ihm im übrigen keinerlei Befriedigung schenkt - ohne Bruch mit seinem Gewissen wird erledigen können, während er als Lehrer dauernd gegen seine pädagogischen Prinzipien verstossen musste. Hier berührt sich Beckers Roman mit dem Loests: Auch dessen Protagonist, der den sozialen Aufstieg bewusst verweigert, arbeitet mindestens zeitweise als Arbeiter. Die Arbeiterklasse, die reale, nicht die postulierte, erscheint in beiden Romanen als Basis der Gesellschaft.

Gemeinsam ist ihnen weiterhin die soziale Desintergration der Protagonisten. Nicht nur, dass bei beiden die Ehe scheitert; sie ziehen sich beide in ihre Privatheit zurück - ein Akt freiwillig-unfreiwilliger Regression, der eine ausgesprochen politische Dimension besitzt.[3]

Beckers Roman hat die Regression nicht nur zum Thema gewählt, sondern trägt ihr auch in formaler Hinsicht Rechnung. Seinem für DDR-Verhältnisse schmalen Werk fehlt jede Redundanz. Erzählt wird nur das Notwendigste, in einer knappen, fast

---

1) Vgl. dazu unten S. 139.
2) Jurek Becker: Schlaflose Tage (Frankfurt/M. 1978).
3) "Die politische Kritik, die sich hier äussert, bleibt im Privaten stecken, wobei jedoch deutlich wird, dass der Rückzug aufs Private ein politischer Akt ist." (W. Martin Lüdke: Demonstrationsobjekt mit beschränkter Haftung". In: Frankfurter Rundschau vom 27. 5. 1978).

unliterarischen Sprache. Während Loest - hier in der Tradition
der "Jeans-Prosa" stehend, die den Jargon bevorzugt, - auf die
gesprochene Alltagssprache zurückgreift, formuliert Becker in
thesenhafter Dürre, oft im Spruchbandstil.[1] Direkt, ohne jede
Verkleidung und Verbrämung, werden Gedanken und Empfindungen
vorgetragen, so dass die Handlung fast überflüssig ist.

Demgegenüber erscheint Loests Roman als eher konventionell.
Weder inhaltlich noch formal erreicht er den Grad der Radika-
lität, der Beckers Werk kennzeichnet. Der Rahmen des (ernst-
haften) Unterhaltungsromans wird nirgends in Frage gestellt.
"Es geht seinen Gang" wurde geschrieben unter dem Eindruck der
heraufziehenden Wirtschaftskrise, die das optimistische Fortschrittsdenken in Frage stellt. Aber es spiegelt noch nicht
die kulturpolitische Veränderung seit dem Spätherbst 1976; es
trägt noch nicht die Zeichen der Repression. Gerade wegen
dieser "Unbefangenheit" gelingt es diesem Roman besser als
Beckers Opus, die grundsätzliche Veränderung, die sich vollzogen hat, dem Leser plausibel zu machen; er soll daher im
folgenden analysiert werden.

---

1) "Solche Sätze bleiben Spruchbänder. Sie antworten auf Zustände, in denen die politische Rhetorik die gesamte Realität überdeckt - und darum selbst Realität ist. Was das
   Realistische an ihnen ausmacht, lässt sie zugleich als abstrakt erscheinen." (W.M. Lüdke, a.a.O.)

3) Erich Loest: Es geht seinen Gang [1]

"Ich [...] äugte zu den Fenstern des hohen Genossen hinauf
und dachte: Eigentlich müsstest du dich über mich freuen. Aus
welchen Gründen auch immer, ich verstärke nicht das Überange-
bot an Diplomern, im Gegenteil, ich fände mich gar nicht
schlecht als ambulanter Wäscheschleuderreparierer. Ich stellte
mir vor, wie der Genosse aus dem Haus trat und mich umarmte,
in der Hand hielt er "Die Aula", einen der wenigen Romane, die
ich gelesen habe, dieses Buch aus der Steinzeit, als aus jeder Ecke jedes bisschen Intelligenz herausgekratzt wurde, und
er sagte: Kollege Wülff, ich beglückwünsche dich zu deinem
hervorragenden dialektischen Denken! Ich stellte mir weiter
vor, ein Schriftsteller fragte mich aus nach meinen Vorstellungen und Wünschen und schrieb darüber ein Buch: Da verzich-
tete einer aufs Fernstudium und kehrte auf seinen Platz als
Werkzeugmacher zurück und rackerte in drei Schichten. Und der
Genosse winkte mir zu und liftete wieder hinauf in seine Wohnung. Vier Kinder hatte er, spann ich weiter, die sassen ein-
trächtig am Tisch und assen Pellkartoffeln mit Quark und re-
deten über Berufsziele. Einer wurde Unteroffizier bei der
NVA, ein anderer fuhr als Schweisser zur Erdgastrasse nach
Orenburg auf zwei Jahre, eine Tochter hegte bloss diesen
Wunsch: Spinnerin zu werden im Dreischichtbetrieb; ein Medizinstudium war ihr angeboten worden, darauf pfiff sie. Die zweite Tochter wurde Zoo-Technikerin, wie es modisch hies, früher
sagte man Melkerin. Ich dachte: Junge, du spinnst ganz schön.
Aber ich dachte noch: Hör zu, Genosse, auf Ehre und Gewissen,
wenn du vier Kinder hättest, und die würden Unteroffizier,
Schweisser, Spinnerin und Melkerin: Wärst du darüber glücklich, froh, zufrieden? Wärst du stolz?"[2]

Wolfgang Wülff, fünfundzwanzigjähriger Ingenieur, hat mit List
das Ansinnen seiner ehrgeizigen Frau abgewehrt, er solle ein
Fernstudium absolvieren. Zum einen will er nicht so hoch hinaus, sondern bleiben, was er ist; zum andern weiss er sich im
Einklang mit den Tendenzen der wirtschaftlichen Entwicklung im
Jahre 1975: Intelligenz ist nicht mehr gefragt; was man
braucht, sind Leute, die selber mit zupacken können und wollen. Die wissenschaftlich-technische Revolution hat die in sie
gesetzten Erwartungen nicht erfüllt, und unter dem Druck der
weltweiten Rezession, die auf dem Weg über die gestiegenen

---

1) Erich Loest: Es geht seinen Gang oder Mühen in unserer
   Ebene. Westdeutsche Lizenzausgabe, Stuttgart 1978.
2) Loest, a.a.O., S. 103f.

Energiekosten auch die DDR erfasst, verschärft sich der Konkur-
renzdruck innerhalb der Gesellschaft. Loest beschreibt, wie
Wülffs Vorgesetzter einen Herzinfarkt erleidet, nachdem der
Plan von oben rigoros verändert wurde. Immer wieder ist vom
Schulstress die Rede, von Kampf um einen Platz in der Erwei-
terten Oberschule. Schon im Kindergarten hält das Leistungsprinzip seinen Einzug, wo die Fünfjährigen einem unbarmherzi-
gen Schwimmtraining unterworfen werden. Und als Belohnung win-
ken Macht (die Wülff suspekt ist) und Verantwortung (die zum
Herzinfarkt führen kann), winkt Geld, das für teure Konsum-
artikel in den Exquisitläden ausgegeben wird. Wülff zieht die
Konsequenzen: Er verzichtet auf die Qualifikation. Der Sohn
einer Arbeiterin will sich nicht zu weit von seinem ange-
stammten Milieu entfernen, er will kein Intelligenzler werden.
Wülff will - nolens volens - ein Gegenbeispiel geben. Dass er
sich dabei auf Kants "Aula" beruft, ist kein Zufall. Hier wurde zum ersten Mal der individuelle Aufstieg als Symbol für den
gesamtgesellschaftlichen Fortschritt gesetzt. Die dort geschil-
derte Entwicklung der "Waisenknaben" von der ABF zu Planern
und Leitern der sozialistischen Gesellschaft erfüllte eine
dreifacher Funktion: Sie legte dem Leser nahe, dass der Weg
nach oben jedem Tüchtigen offenstehe; sie schenkte die Überzeugung, dass die sozialistische Gesellschaft von "unsereinem"
regiert werde (ein Aspekt, den Kant im "Impressum" erneut auf-
greift und in den Mittelpunkt rückt); und sie vermittelt den
Anschein eines kontinuierlichen gesellschaftlichen Fortschritts,
dessen Subjekte die tätigen Menschen sind. Dieses inzwischen
in der DDR-Literatur schon fast zum Mythos gewordene Fort-
schrittsschema wird nun negiert. Loests Roman hat zum Inhalt,
was sein phantasievoller Protagonist sich ausmalt: die "Gegen-
geschichte" zur "Aula", die Story vom Nicht-Aufstieg, vom
Nicht-Fortschritt.
Auch zu Kants "Impressum" wird ein thematischer Bezug hergestellt:

"Ich wollte niemals Chef werden, weder im Herbst 74 noch im
Januar und schon gar nicht im Mai 75, ich wollte bleiben, was

ich war, Wolfgang Wülff, das simple Abteilungsschwein",

stellt der Protagonist mit Nachdruck fest.[1] Er will die Welt
nicht aus der Perspektive des Planers und Leiters kennenler-
nen. Der Halbwüchsige, der vor zehn Jahren bei einer illegalen
Demonstration auf dem Leipziger Leuschnerplatz von einem Poli-
zeihund gebissen wurde, erkennt, dass die Dichotomie von "oben"
und "unten" auch im Sozialismus noch existiert. Er will nicht
Verantwortung übernehmen, die sich eines Tages möglicherweise
gegen seinesgleichen richtet.[2] Die Identität der Repräsentan-
ten und Repräsentierten ist noch lange nicht hergestellt;
Welten trennen noch immer den (im Eingangszitat apostrophier-
ten) "hohen Genossen", der Bezirkssekretär der SED, vom Kollegen Wülff, und dieser ahnt, dass die Konflikte zwischen Basis
und Leistung, wenn sie auch nicht-antagonistisch genannt werden, noch immer Wunden aufreissen (bei Wülff im wortwörtli-
chen Sinn!), die nicht so schnell verheilen:

"Vor der Schlacht auf dem Leuschnerplatz war für mich die Welt
sauber eingeteilt. Der Feind stand im Westen; die Amerikaner
bombardierten Vietnam, Kiesinger war Faschist. Nun biss mich
einer unserer Hunde, der eigentlich einen Ami hätte beissen
sollen, der Bomben auf Vietnam ausklinkte. Ich schmiss kein
Napalm, nach mir hatte gefälligst kein DDR-Hund zu schnap-
pen."3)

Auch den dritten Aspekt des Fortschrittsdenkens, den des gesellschaftlichen Fortschritts, der durch den individuellen
symbolisiert wird, verwirft Wülff. Die Gesellschaft ist im Begriff, sich selbst und ihre Naturgrundlagen zu zerstören. "Es
gibt keine Maikäfer mehr", konstatiert Wülff,[4] und er beobachtet den Ausverkauf der Natur, die Zerstörung durch den industriellen Fortschritt. Zeitweise spielt er mit dem Gedanken,
sich in eines der letzten Residuen naturnaher Ursprünglichkeit
zurückzuziehen, aber er bleibt dann doch der Gross-Stadt treu,

1) Loest, a.a.O., S. 175.
2) Vgl. Loest, a.a.O., S. 30.
3) Loest, a.a.O., S. 29.
4) Vgl. Loest, a.a.O., S. 175ff.

in der er aufgewachsen ist. In diesem Zusammenhang bieten sich
Berührungspunkte mit der ökologischen Bewegung des Westens. Die
Idee des Null-Wachstums, die - mutatis mutandis - die westlichen "Wertkonservativen" mit den rigiden Zukunftsvorstellungen eines Wolfgang Harich verbindet, wird zwar bei Loest nirgends als direkte Forderung erhoben, aber implizit klingt die
Kritik an der Wachstumsideologie immer wieder an.
Dass sie nicht deutlicher artikuliert wird, hängt zunächst mit
der Mentalität des eher passiven "Helden" Wülff zusammen. Im
Hintergrund steht ein fast deterministisch zu nennendes Ge-
schichtsbild, das am sinnenfälligsten illustriert wird durch
den Titel: "Es geht seinen Gang". Der Autor kommentiert auf
dem Vorsatzblatt, dass sich in dieser Redewendung "gleicher-
massen die Gewissheit gesichtlichen Fortschritts wie die Kapi-
tulation vor der Robustheit des Schlendrians" ausdrücke. Auffällig ist die Passiv-Konstruktion: Das Subjekt der historischen Entwicklung, das nach Loests Interpretation identisch
ist mit dem Urheber des Schlendrian, bleibt anonym - eine Ge-
walt, der der einzelne ohnmächtig gegenübersteht. Nur als Fa-
tum erfährt der einzelne, was durchaus Namen und Gesicht besitzt, sich aber hinter seiner Anonymität verschanzt und als
historische Notwendigkeit deklariert, was auf Willkür oder
Schlendrian zurückzuführen ist. Hier spiegelt sich deutlich
das Lebens- und Geschichtsbewusstsein jener, die angeblich
die Lenker ihres eigenen Geschicks sein sollen. Wülff jedenfalls lässt die Dinge laufen, wie sie kommen, er reagiert allenfalls auf die Ereignisse und ist froh, wenn sich nichts
verändert. Was tritt an die Stelle, die zuvor der Fortschritts-
glaube eingenommen hatte? Zunächst: Empirie statt der politisch bedingten Überhöhung. Loest beschreibt das reale Leben
eines Durchschnittsmenschen, er beschreibt den Betriebs- und
Ehealltag, wie er sich in millionenfacher Wiederholung an jedem beliebigen Ort der DDR abspielt. An Durchschnittstypen
war die DDR-Literatur auch zuvor nicht arm gewesen, aber ihnen immanent war zumeist die Tendenz, über sich selbst hinaus-
zuwachsen. Seitdem die "Königsebene", die des Planers und
Leiters, in der DDR-Literatur mehr oder minder obligatorisch

geworden war[1], manifestierte sich dieses ursprünglich eher
moralisch-politische Über-sich-Hinauswachsen als indivuduellen
Aufstiegs. Wenn nun Wülff, wie dargelegt, dieses Prinzip des
Aufstiegs negiert, bleibt er bei seiner ganz realen Durchschnittlichkeit: Er ist kleiner Angestellter, nicht weit entfernt von dem Arbeiter, der er früher gewesen ist, und entspricht damit quasi dem statistischen Durchschnitt der DDR-Be-
völkerung. Thematisiert wird das Problem der Durchschnittlichkeit, wenn von der Standardisierung des persönlichen Lebens die
Rede ist: Besucht ein Ehepaar ein anderes, so trifft es nicht
nur auf eine vergleichbare Wohnungseinrichtung, auch die Auswahl der Speisen und Getränke lässt sich im voraus abschätzen.
Wülff, nachdem er seine neue Freundin gefunden hat, fragt sich
angesichts der obligatorischen Wohnungseinrichtung, in wieviel
Wohnungen der Republik es wohl genau so aussehen werde [2]. Er
versteht sich selbst als Kind des Zeitalters der massenhaften
Reproduzierbarkeit; er will nicht mehr sein als irgendeiner
von vielen.
Sein Lebensraum ist das Alltägliche, das Loest detailgetreu
bis in alle Redensarten, Lebens- und Denkgewohnheiten, ein-
gefangen hat. Manchmal denkt Wülff sich andere Lebensläufe aus
und überlegt, was unter anderen Umständen aus ihm geworden wäre. Dass er überwiegend durch seine Lebensverhältnisse geprägt
worden ist, liegt auf der Hand. Eigene Initiative zur Veränderung der Umstände hat er selten entfaltet. Wülff erlaubt es
sich, seine alltägliche Realität mit den schönen Aufnahmen eines offiziellen Bildbandes zu konfrontieren, der den bezie-
hungsreichen Titel trägt: "Mit dem Sozialismus gewachsen
- 25 Jahre DDR."

"Vorndrauf lachende Menschen mit Fähnchen und Blumen in den
Händen, die sich froh zuwinkten. [....] Text über den wirtschaftlichen Aufschwung, Winter auf dem Fichtelberg und Som-
mer an der Küste, Elbsandsteingebirge und planschende Kinder

1) Die Einbeziehung der Ebene des Planers und Leiters war eine Forderung der II. Bitterfelder Konferenz (1964).
2) Vgl. Loest, a.a.O., S. 294.

vor den Hochhäusern von Halle-Neustadt, hübsche Menschen in
hellen Werkräumen, an gigantischen Maschinen, und siehe da, die
Schornsteine von Schwedt waren zu einer Stunde fotografiert, in
der sie keine Qualmwolken ausstiessen; freundlich stehen sie da,
als könnten sie kein Himmelchen trüben. Lachende sowjetische
Spezialisten vor einem Bohrturm. Erich Honecker schreitet durch
die berühmten Mastanlagen von Ferdinandshof, er und alle um ihn
lachen, und der Text heisst: 'Die jungen Viehzüchter haben gut
lachen.' Alte Leute sitzen in einem blitzblanken Veteranenklub
unter Grünpflanzen, und da fiel mir eine Szene ein, die mir in
meinem Viertel dann und wann begegnet: Ein heruntergekommenes
Haus mit brückligem Putz, Fensterrahmen ohne Farbe, hinter einem Fenster das Gesicht einer alten Frau, im Mantel, Schal um
den Hals. Ein frierender, kranker alter Mensch. Ich blättere
rasch weiter: Lachende Pioniere, lachende Schüler, natürlich
sind sie wie aus dem Ei gepellt [....] "1)

Wie diese schönen Bilder stelle er sich die Welt seines Be-
zirkssekretärs vor, kommentiert Wülff. Der "hohe Genosse", der
irgendwo weit oben im Hochhaus wohnt (Wülff erfährt nie genau,
wo eigentlich), nimmt nirgends reale Gestalt an in diesem Romane, sondern taucht nur in Wülffs Vorstellungen hin und wieder
auf: eine abstrakt gewordene Gottheit, die hoch über dem ge-
wöhnlichen Treiben lebt, von dem sie nur noch unzureichende
Kunde erhält.

Wülff hingegen lebt "unten", der einfache Mann aus der Arbeiterklasse, der er sich nach wie vor verbunden fühlt. Ihm macht
es nichts aus, wenn er zwecks Planerfüllung vorübergehend wieder einmal an eine Maschine gestellt wird, er hat seine handwerk-
lichen Fähigkeiten nicht verlernt, und er kommt noch immer mit
den Arbeitern gut zurecht. Was hier erscheint, ist eine gänzlich unverklärte Arbeiterklasse, und als Wülff beiläufig einmal über den Begriff "Klassenbewusstsein" meditiert, kommt ihm
nur der tägliche Kleinkrieg um bessere Normbedingungen und einen reibungslosen Arbeitsablauf in den Sinn.2) Dass der kollek-
tive Aufstieg der Arbeiterklasse nicht stattgefunden hat: dass
die von der Literatur verherrlichten individuellen Aufstiege
nichts an der traditionellen Unterprivilegierung geändert haben, wird im Zusammenhang mit Wülffs Mutter deutlich, die unter

---

1) Loest, a.a.O., S. 246f.
2) Vgl. Loest, a.a.O., S. 242f.

ungünstigen Arbeitsbedingungen leidet. Als Wülff ihr jedoch ein-
schärft, dass sie im Mittelpunkt des Arbeitsprozesses stehe,
dass alles sich um sie drehen müsse, da fängt sie an zu lachen:
"Sie, eine Stanzerin, sollte die Hauptsache sein, da quiekten
doch die Hühner."[1] Der Durchschnittsbürger Wolfgang Wülff, nicht
von ungefähr im Gründungsjahr der DDR geboren, könnte zur Sym-
bolfigur einer neuen, auf Wahrheitstreue bedachten Literatur
werden. Die Erzählperspektive veranlasst den Leser zur Identifikation mit diesem sympathischen Helden, was zudem recht plausibel erscheint, weil die Handlung stets im Bereich des Alltäglichen bleibt. Zu fragen ist allerdings, ob diese Identifikation der Absicht des Autors entspricht. In einem Zeitungsinter-
view, zwei Jahre vor Erscheinen des Buches, das damals offenbar
schon abgeschlossen war, äussert sich Loest sehr kritisch über
seinen Protagonisten, der sich, wie er sagt, am Schluss zum
"Konsumspiesser" entwickelt.[2] Nun mag der Leser bezweifeln, ob
es Loest gelungen ist, diese Intention vollständig zu verwirklichen; Wülff weist genügend positive Züge auf und zeigt zuviel
Problembewusstsein, als dass diese negative Ettikettierung ihn
hinreichend charakterisieren könnte. Verfasst ist dieser Roman
als ein Rechenschaftsbericht, fast eine Beichte, die Wülff einem Arbeitskollegen, dem altgedienten, wenn auch undogmati-
schen Kommunisten Huppel, ablegt. Auch Huppel kritisiert Wülffs
mangelnde Aktivität, er nennt einen "Frührentner"[3], so dass
Wülff sich veranlasst fühlt, ihm zu erläutern, weshalb er so
geworden ist, wie er ist. Huppel kennt, um den Untertitel des
Romans aufzugreifen, die "Mühen der Gebirge", von denen Wülff
nur von Hörensagen weiss und an denen er nur mässiges Interesse bekundet. Was hat Huppel dem jüngeren Kollegen anzubieten?

---

1) Loest, a.a.O., S. 34.
2) "Es geht seinen Gang oder Mühe in unseren Ebenen". Ein Gespräch mit dem DDR-Schriftsteller Erich Loest. "Frankfurter
   Rundschau" vom 3. 4. 1976.
3) Loest, a.a.O., S. 270.

Ein Konzertbesuch, literarische Anregungen; aber weiss er Rat
auf Wülffs konkrete Probleme mit der ehrgeizigen Jutta? Sind
seine Wertvorstellungen nicht abstrakt geworden angesichts einer unheroischen, ja banalen Realität? Wäre nicht Wülffs Praxis von der beschränkten Verweigerung sehr viel vorbildhafter?
Liesse sich aus der Not nicht eine Tugend machen? Könnte Wülff
nicht zum Vorkämpfer einer neuen naturnahen, kinderfreundlichen
Verhaltensweise werden?
Freilich zeigt sich auch die Ambivalenz der Durchschnittlichkeit, die, von allen ehrgeizigen Höhenflügen entlastet, nirgends die bestehende Realität transzendiert. Das Wirkliche
wird zwar nicht immer zum Vernünftigen erklärt, aber doch
meist frag- und klaglos hingenommen. Nur ganz selten werden
echte Alternativen aufgezeigt; so wenn Wülff zwei Wochen "For-
schungsurlaub" erhält, um sich in der Bibliothek das theoretische Rüstzeug für Verbesserungen in der Praxis zu verschaffen.
Dergleichen selbständigen Arbeit wird durch die heraufziehen-
de Wirtschaftskrise in zunehmendem Masse unterbunden. Wülff er-
lebt für kurze Zeit neue Entfaltungsmöglichkeiten; er versteht,
welche Restriktion er sich mit seiner freiwillig-unfreiwilligen Selbstbeschränkung auferlegt. Auch sein Rückzug ins Private - als Protest gegen das Leistungs- und Konkurrenzdenken seiner Umwelt -, ist von dieser Ambivalenz gezeichnet: Wülff verfügt über mehr Zeit, er kann sich ausgiebiger seinem Familienleben, nicht zuletzt seiner Tochter widmen, während er immer
wieder auf das Beispiel seines karrierebeflissenen Schwagers
hinweist, der nur alle drei Wochen einmal Zeit findet, mit seiner Frau zu schlafen. Aber andererseits versperrt sich Wülff,
indem er jede über den privaten Bereich hinausgehende Verantwortung ablehnt, auch alle Partizipationsmöglichkeiten in der
öffentlichen Sphäre. Damit macht er sich auch subjektiv zu dem,
was er de facto ist: ein Objekt der Geschichte, die über ihn
hinweg "ihren Gang" geht.
Qui s'excuse, s'accuse - auch in Wülffs Verteidigungsrede
liegt ein Rest von Selbstanklage. Wülff besitzt - im Gegensatz
zu den meisten seiner Zeitgenossen - Einsicht, aber er zieht
daraus nur selten die Konsequenzen: Nur einmal handelt er, im

Affekt, sonst sieht er zu und schweigt. Huppels Vorwurf der
Inaktivität gründet sich wohl nicht zuletzt auf diese passive
Haltung. Was Wülff allerdings als einzelner tun könnte, welche
Durchsetzungsmöglichkeiten er hätte, das wird nirgends expliziert. Eine neue sozialistische Moral der Verweigerung und des
Ungehorsams kann auch der kluge Huppel nicht vermitteln. Hier
wird deutlich, dass der Verfasser vorsichtig Neuland abtastet.
Das Buch wurde 1975 verfasst[1), also noch in der Phase kulturpolitischer Liberalität. Es registriert zwar die Folgen der bereits spürbaren wirtschaftlichen Rezession, wird aber noch getragen von der Hoffnung auf mögliche gesellschaftliche Veränderung:

"Die Kulturpolitik hat sich geändert, sie wird sich weiterhin
ändern, wie sich die grosse Politik ändert. Da die Grosswetter-
lage immer freundlicher wird zwischen Ost und West und zwischen
den beiden deutschen Staaten, ist ganz klar, dass die Kulturpolitik ebenfalls offener wird, freundlicher wird, normaler wird
als sie bisher war. Wenn Verkrampfungen allgemein gelöst werden, dann kann man sie auch auf kulturellem Gebiet abbauen."[2)

Was Loest mit diesem Buch leisten wollte, war ein Beitrag zur
grösseren Wahrhaftigkeit in der Gesellschaft:

"Man hat uns jahrelang erzählt (und wir haben das auch ge-
glaubt), wichtig für den Autor sei der "innere Zensor", so ein
Männlein mit eigenem Gehirn, das immer auf die Taste drückt,
wenn etwas kommt, von dem man meint, jetzt werde der Feind aber
aufpassen, jetzt werde er aber zuhören, jetzt werde er sich
aber in unsere Dinge einmischen. Dieser geforderte und auch in
mir selbst installierte innere Zensor ist endgültig tot. Das
kleine Männchen kenne ich nicht mehr. Ich schreibe, was ich se-
he, was um mich herum vorgeht, über die Probleme, die mich be-
wegen [...] ".[3)

Von hier her erklärt sich auch die Vorliebe für das Alltägliche,
die unverstellte, akribisch beschriebene Wirklichkeit des
Durchschnittsmenschen. Wichtigstes Medium, mit dessen Hilfe der
Autor diese "Durchschnittlichkeit" einfängt, ist die Sprache:

---

1) "Es geht seinen Gang" (Interview mit Loest, a.a.O.)
2) Ibid.
3) Ibid.

die unprätentiöse, alltägliche Sprache eines einfachen, wenn
auch nicht unintelligenten Menschen in der DDR von heute. Es
ist gesprochene Sprache, parataktisch gebaut, mit langen Satz-
ketten, die den eher assoziativen Gedankengang des Protagonisten wiedergeben. Als principium stilisationis fungiert der
Jargon; Wülff gefällt sich in der häufigen Verwendung von gängigen Redensarten, Klischees, umgangssprachlichen Wendungen,
die er gerne kontrastiert mit dem offiziösen Funktionärs-
deutsch. Was er inhaltlich erreicht durch die Gegenüberstel-
lung des noblen Bildbandes mit der tristen Realität, bewirkt
auf der sprachlichen Ebene die Konfrontation des obligatorischen Festredenstils mit der banalen Alltagssprache. Sprach-
soziologisch könnte das Buch ähnlich reiche Aufschlüsse lie-
fern wie Plenzdorfs "Neue Leiden des jungen W."; was aber den
Mittzwanziger Wülff vom siebzehnjährigen Wibeau unterscheidet,
ist die deutliche Bewusstheit im Sprachgebrauch. Er benutzt
nicht nur die gängigen Phrasen, er weiss auch, wie sie funk-
tionieren, wann man wie redet oder wie sich Gedankenlosigkeit
sprachlich manifestiert. Der höhere Reflexionsgrad Wülffs,
der sich und seine Handlungsweise genau durchschaut und sich
bemüht, sie Huppel (bzw. dem Leser) zu erläutern, wird so
auch auf der sprachlichen Ebene sichtbar. Indem Loest die Umgangssprache einsetzt, erleichtert er dem Leser den Zugang
zum Roman. Es ist nicht nur ein Buch von Durchschnittsmenschen, es ist auch für Durchschnittsleser verfasst. Ein Buch,
in dem nicht Ungewöhnliches passiert, das aber trotzdem flüs-
sig und spannend geschrieben ist. Ein Buch ohne allzugrossen
literarischen Ehrgeiz, das aber auch keine Konzessionen durch
billige Effekthascherei macht. Insofern ein Buch, für das es
in der Bundesrepublik kaum ein Äquivalent geben dürfte: Ein
Buch für viele, das sich zwar manchmal am Rande der Sentimentalität bewegt, ohne aber je kitschig zu werden. Ein Buch,
das trotz seiner "Durchschnittlichkeit" seinem aufklärerischem
Impetus treubleibt und den Leser nicht nur unterhält, sondern
auch zum Nachdenken bewegt.
Inmitten einer völlig veränderten kulturpolitischen Situation

wurde das Buch 1978 veröffentlicht. Die erste Auflage war im
Handumdrehen verkauft. Eine zweite, ursprünglich geplante,
durfte nicht mehr erscheinen.[1]

---

1) Nach brieflicher Auskunft der Deutschen Verlagsanstalt
   Stuttgart (11. 8. 1978). - In einer Rezension des Buches
   in der "Zeit" vom 15. 9. 1978 stellt F.J. Raddatz die Be-
   hauptung auf, dass das Buch zwar gedruckt, aber nicht veröffentlicht worden sei; nur eine kleine Anzahl von Exem-
   plaren sei an Funktionäre verschickt worden.

Schlussbemerkung

Seit Anfang der sechziger Jahre hatte die DDR-Literatur sich
langsam, aber beharrlich zur Eigenständigkeit entwickelt; sie
hatte Vielfalt und Reichtum, Problembewusstsein und Sensibilität entfaltet. Teils im Einklang, teils als Antwort auf politische Postulate hatte sich eine Literatur herausgebildet, die
politische Bewusstheit mit individuellen Bedürfnissen zu verbinden wusste; eine Literatur, die sich zunehmend auch an heik-
le Probleme wagte; die auch formal anspruchsvoll geworden war
und die auferlegten Fesseln der Konventionalität allmählich
abstreifte. Auch in der Bundesrepublik hatte sie, trotz aller
politischen Diskrepanzen, ein wachsendes Leserpublikum gefunden.

Diese kontinuierliche Entwicklung ist heute unterbrochen; ob
vorübergehend oder dauerhaft, lässt sich heute noch nicht absehen. Sicher ist jedoch, dass die DDR-Literatur durch die
freiwillig-unfreiwilligen Exilierungen in ihrer Vielfalt stark
eingeschränkt sein wird. Der "innere Zensor", um dessen Ab-
schaffung die Schriftsteller im vergangenen Jahrzehnt gekämpft
hatten - und zwar nicht zuletzt mit sich selbst - feiert wieder fröhliche Urstände. Wer nicht dem Opportunismus oder dem
völligen Verstummen verfällt, schreibt Werke, in denen es ums
blosse Existieren und Überleben geht. Die "Grottenolmexistenz", vor wenigen Jahren noch Gegenstand literarischer Kritik, scheint zwangsläufig zur literarisch propagierten Regel-
form eines aufs äusserste reduzierten Daseins zu werden.
Bemerkenswert erscheint, dass die politische Führung nicht nur
die wirtschaftliche Misere, sondern auch die politische nach
Kräften totschweigt. Theoretische Begründungen fehlen genau so
wie nachträgliche Erklärungen. Es gibt keine neuen Parolen für
die veränderte Situation; die alten von 1971 müssen nach wie
vor herhalten, als ginge es noch immer kontinuierlich aufwärts.
In diesem theoretischen Defizit spiegelt sich die Rat- und
Richtungslosigkeit der politischen Führung. Ihr scheinen nicht
nur alle mittel-, sondern auch alle kurzfristigen Zielvorstel-

lungen zu fehlen. Was bleibt, ist das völlig "abstrakt" gewordene Bild einer künftigen kommunistischen Gesellschaft, das
nun, ohne jede Verbindung zur heutigen Situation, in einer
immer nebulöser werdenden Ferne entschwebt.

Literaturverzeichnis

a) Ausgaben

Becker, Jurek: Schlaflose Tage (Frankfurt/M. 1978).

Erpenbeck, John: Alleingang. Halle (Saale) (1973).

Jakobs, Karl-Heinz: Die Interviewer. Berlin/DDR 1973.

Kant, Hermann: Das Impressum. Westdeutsche Lizenzausgabe, Neuwied 1972.

Loest, Erich: Es geht seinen Gang oder Mühen in unserer Ebene. Westdeutsche Lizenzausgabe, Stuttgart 1978.

Neutsch, Erik: Auf der Suche nach Gatt. Westdeutsche Lizenzausgabe, München 1974.

Reimann, Brigitte: Franziska Linkerhand. Westdeutsche Lizenzausgabe, München 1974.

Steinberg, Werner: Pferdewechsel. Halle (Saale) 1974.

Tetzner, Gerti: Karen. w. Westdeutsche Lizenzausgabe, Neuwied 1974.

b) Sekundärliteratur

Auer, Annemarie: Interview mit Brigitte Reimann. In: Sonntag Nr. 43 vom 22. 10. 1972.

Auskünfte. Werkstattgespräche mit DDR-Autoren. Berlin und Weimar 1974.

Autorenkollektiv Frankfurt: Probleme sozialistischer Kulturpolitik am Beispiel DDR. Frankfurt 1974.

DDR-Handbuch. Hrsg. vom Bundesministerium für innerdeutsche Beziehungen. (Wissenschaftliche Leitung: Peter Christian Ludz), Köln 1975.

"Es geht seinen Gang oder Mühen in unseren Ebenen". Ein Gespräch mit dem DDR-Schriftsteller Erich Loest. In: Frankfurter Rundschau vom 3. 4. 1976.

Fischbeck, Helmut (Hrsg.): Literaturpolitik und Literaturkritik in der DDR. Frankfurt/M. (1976).

Flaker, Aleksandar: Modelle der Jeans Prosa. Zur literarischen Opposition bei Plenzdorf im osteuropäischen Romankontext. Kronberg/Ts. 1975.

Gerlach, Ingeborg: Bitterfeld. Arbeiterliteratur und Literatur der Arbeitswelt in der DDR. Kronberg 1974.

Habermas, Jürgen: Technik und Wissenschaft als Ideologie. Frankfurt 1968.

Hirdina, Karin: Auf der Suche nach Gatt. In: Sonntag Nr. 3 vom 20. 1. 1974.

Hohendahl, Peter Uwe (Hrsg.): Sozialgeschichte und Wirkungsästhetik. Frankfurt 1974.

Ders.: Ästhetik und Sozialismus: Zur neueren Literaturtheorie der DDR. In: Literatur und Literaturtheorie der DDR. Hrsg. von Peter Uwe Hohendahl und Patricia Herminghouse. Frankfurt 1976.

Klaus, Georg: Kybernetik und ideologischer Klassenkampf. In: Einheit, 25. Jg., H. 9/1970.

Kulturpolitisches Wörterbuch. Hrsg. von Harald Bühl u.a. Berlin/DDR 1970.

Ludz, Peter Christian: Deutschlands doppelte Zukunft. München 1974.

Lüdke, W. Martin: Demonstrationsobjekt mit beschränkter Haftung. Jurek Beckers neuer Roman "Schlaflose Tage". In: Frankfurter Rundschau vom 27. 5. 1978 1978.

Plavius, Heinz: Karl-Heinz Jakobs: Die Interviewer. NDL 1/1973.

Programm und Statut der SED vom 22. Mai 1976. Mit einem einleitenden Kommentar von Karl Wilhelm Fricke. Köln 1976.

Pracht, Erwin / Neubert, Werner (Hrsg.): Sozialistischer Realismus - Positionen, Probleme, Perspektiven. Berlin/DDR 1970.

Stanzel, Franz: Typische Formen des Romans. 8. Aufl., Göttingen 1964.

Struwe, Marcel/Villwock, Jörg: Aspekte präskriptiver Ästhetik. In: Einführung in Theorie, Geschichte und Funktion der DDR-Literatur. Hrsg. von Hans-Jürgen Schmitt. Stuttgart 1975.

Thomas, Rüdiger (Hrsg.:) Wissenschaft und Gesellschaft in der DDR. München 1971.

Ders.: Modell DDR - Die kalkulierte Emanzipation. 2. Aufl., München 1973.

Trommer, Frank: Der zögernde Nachwuchs. In: Tendenzen der
        deutschen Literatur seit 1945. Hrsg. von Tho-
        mas Koebner. Stuttgart 1971.

Ulbricht, Walter: Zum neuen ökonomischen System des Sozialis-
        mus in der DDR. Bd. 2, Berlin /DDR 1968.

Weber, Hermann: Die Sozialistische Einheitspartei Deutsch-
        lands 1946 - 1971. Hannover 1971.

Ders.: Die SED nach Ulbricht. Hannover 1974.

Wyninger, Willy: Demokratie und Plan in der DDR. Probleme
        der Bewältigung der wissenschaftlich-techni-
        schen Revolution. Köln 1971.

Zur Theorie des sozialistischen Realismus. Hrsg. von einem
        Autorenkollektov. (Leitung: Hans Koch). Ber-
        lin / DDR 1974.

Inhaltsverzeichnis

ATHENÄUM

Ernesto Grassi
Die Macht der Phantasie
Zur Geschichte abendländischen Denkens
1979. Ca. 280 Seiten, geb. mit Schutzumschlag ca. DM 38,00
ISBN 3-7610-8050-6

Dem international bekannten Philosophen und Gelehrten Ernesto Grassi geht es um den Nachweis, daß die geistige Tradition des Humanismus heute von besonderer Aktualität ist, handelt sie doch von den Grundproblemen menschlicher Geschichte, Gemeinschaft und Kommunikation. Grassis engagiertes Plädoyer für eine Wiederbelebung und erneute Beschäftigung mit den wichtigsten literarischen und wissenschaftlichen Zeugnissen humanistischer Überlieferung bedeutet gleichzeitig ein Plädoyer für metaphorisches und bildnerisches Denken, für Phantasie und Ingenium als wesentlichen Bestandteilen kreativer Tätigkeit.
Innerhalb des Überblicks über die Entwicklungsgeschichte abendländischen Denkens werden gleichzeitig die Grenzen rein rationalistischen und formalen Vorgehens aufgezeigt. Die einzelnen Kapitel handeln u. a. über Probleme der Entmythisierung, die Geschichtlichkeit der Sprache, den Zusammenhang von Phantasie, Metapher und Allegorie sowie Probleme der Semiotik.
Die theoretischen und historischen Erörterungen werden jeweils von persönlichen Aufzeichnungen des Verfassers begleitet, in denen er einen Bezug zwischen dem behandelten ,,Sachverhalt" und individuellen Erfahrungen herstellt.

Jost Hermand
Sieben Arten an Deutschland zu leiden
1979. Ca. 180 Seiten mit 19 Abb., kt., ca. DM 19,80
ISBN 3-7610-2141-0
Taschenbücher Literaturwissenschaft AT 2141

Es gibt wohl kaum ein anderes Land, wo sich neben soviel nationalem Überschwang soviel nationale Trauerarbeit findet wie in Deutschland. Das schmähliche Ende der Befreiungskriege, die gescheiterte Achtundvierziger Revolution, die von Deutschland angestifteten Weltkriege, die Greuel des Faschismus, die deutsche Teilung: all das ist auch in der deutschen Kunst als Folge verhängnisvoller Rückschläge miterlitten worden. Aus dem Bereich dieses ,,Leidens an Deutschland" werden in diesem Buch folgende Themenkomplexe behandelt: die nationale Trauerstimmung auf den Bildern C. D. Friedrichs, der Topos der ,deutschen Misere' oder des ,deutschen Wintermärchens', die verschiedenen Ansätze zu einer deutschen Nationalhymne, die deutsche Exilliteratur seit 1789, das Leiden an Deutschland in der Musik H. Eislers, die Problematik der nationalen Feiertätigkeit in der BRD und die literarischen Allegorisierungen der Germania-Figur.

Verlagsgruppe Athenäum/Hain/Hanstein/Scriptor
Postfach 1220, D-6240 Königstein/Ts.

HAIN

Literaturwissenschaft

Diskurs, Forschungen zur deutschen Literatur
Herausgegeben von Gerhard Kaiser

Die Gründung der Reihe ist eine Antwort auf die Situation der Wissenschaft von der deutschen Literatur. Nach Jahren einer sehr kontrovers geführten Methoden- und Theoriediskussion soll sie der Erprobung und Festigung der gewonnenen und bewährten Ansätze an den neuen und alten Gegenständen des Faches dienen. Der Reihentitel betont den Diskurscharakter der Literatur; er gibt zugleich der Hoffnung Ausdruck, daß in den Gegenständen und in der Verständigung über sie aus der gegenwärtigen Sprachenvielfalt der germanistischen Literaturwissenschaft ein Diskurs hervorgeht, der eine Kontinuität des Faches im Wandel bezeugt. Die Reihe möchte einen Beitrag zu einem offenen Methodensystem leisten, in dem sich verschiedenartige Fragestellungen und Verfahren einander polyperspektivisch zuordnen. Unter dieser Hinsicht wird sie auch Methoden- und Theoriebeiträge aufnehmen.

Helmut Schmiedt
Karl May
Studien zu Leben, Werk und Wirkung
eines Erfolgsschriftstellers
1979. Ca. 300 Seiten, kt., ca. DM 48,00
ISBN 3-445-01916-9
Diskurs. Forschungen zur deutschen Literatur, Band 2

Bei der vorliegenden Arbeit handelt es sich um die erste Studie, die unter Einschluß aktueller literaturgeschichtlicher, psychologischer und soziologischer Erkenntnisse eine umfassende Interpretation der Abenteuerromane Karl Mays vermittelt. Die Entstehung des Werkes wird dabei ebenso analysiert wie seine nachhaltige Wirkung bei vornehmlich jungen Lesern bis in die heutige Zeit. Karl May erscheint dabei nicht nur als ,Jugendbuchautor': seine Romane, so läßt sich zeigen, suchen nach der Verwirklichung eines grenzenlosen Traums von Gerechtigkeit und Freiheit, zugleich aber enthalten sie die ausgeprägten Spuren einer Bindung an die deutsche Realität ihres Autors; zwischen Utopie und Affirmation entfaltet sich eine Spannung, die nur bei einer vordergründigen Betrachtung naiv wirkt.

Klaus Schuhmacher
„Weil es geschehen ist"
Untersuchungen zu Max Frischs Poetik der Geschichte
1979. Ca. 200 Seiten, kt., ca. DM 36,00
ISBN 3-445-01915-0
Diskurs. Forschungen zur deutschen Literatur, Band 1

Diese Untersuchung zeigt, daß vor allem zwei literarische Strukturmodelle, Legende und Mythos, Frischs poetisches Geschichtsverständnis bestimmen.
Damit wendet sie sich bewußt von der sonst bei Frisch-Interpretationen üblichen Beschränkung auf die Rollen- und Identitätsproblematik in der Entwicklung der tragenden Romanfiguren ab. Ausgehend von den Alternativbegriffen „Legende" und „Mythos" versucht der Autor in drei Einzelinterpretationen (,Don Juan', ,Homo Faber', ,Triptychon') das Werk Frischs zu erschließen. Für ihn agieren die Romanfiguren als Personen im Spannungsfeld zwischen vorgegebenem Ziel und zielloser Unbestimmtheit.
In diesem Interpretationszusammenhang sieht der Autor nicht nur Frischs Nähe zu Hofmannsthal und Musil, sondern auch Parallelen zu Thomas Bernhard und Peter Handke.

Verlagsgruppe Athenäum/Hain/Hanstein/Scriptor
Postfach 1220, D-6240 Königstein/Ts.